PAUL LAPIE

DIRECTEUR DE L'ENSEIGNEMENT PRIMAIRE
AU MINISTÈRE DE L'INSTRUCTION PUBLIQUE

Pédagogie Française

PÉDAGOGIE FRANÇAISE. — PRINCIPES PSYCHOLO-
GIQUES DE LA PÉDAGOGIE. — MÉTHODE DIRECTE,
MÉTHODE ACTIVE. — COMMENT FIXER LES CONNAIS-
SANCES. — LA COMPOSITION FRANÇAISE. — L'ENSEI-
GNEMENT DES SCIENCES PHYSIQUES. — L'ÉDUCATION
DES TOUT-PETITS. — L'ÉCOLE D'APRÈS-GUERRE. —
NOS ÉCOLES NORMALES DE DEMAIN.

LIBRAIRIE FÉLIX ALCAN

Pédagogie Française

SAINT-AMAND (CHER). — IMPRIMERIE BUSSIÈRE.

PAUL LAPIE

DIRECTEUR DE L'ENSEIGNEMENT PRIMAIRE
AU MINISTÈRE DE L'INSTRUCTION PUBLIQUE

Pédagogie Française

PÉDAGOGIE FRANÇAISE. — PRINCIPES PSYCHOLOGIQUES DE LA PÉDAGOGIE. — MÉTHODE DIRECTE, MÉTHODE ACTIVE. — COMMENT FIXER LES CONNAISSANCES. — LA COMPOSITION FRANÇAISE. — L'ENSEIGNEMENT DES SCIENCES PHYSIQUES. — L'ÉDUCATION DES TOUTS-PETITS. — L'ÉCOLE D'APRÈS-GUERRE. — NOS ÉCOLES NORMALES DE DEMAIN

PARIS

LIBRAIRIE FÉLIX ALCAN

108, BOULEVARD SAINT-GERMAIN, 108

1920

AVANT-PROPOS

Les morceaux qui composent ce volume sont de dates différentes mais d'inspiration unique. Soit à la Faculté des Lettres de Bordeaux soit à l'Académie de Toulouse soit au Ministère de l'Instruction publique, l'auteur a eu depuis dix ans mainte occasion d'étudier les problèmes de l'éducation nationale, la psychologie de nos écoliers, les principes et les méthodes de notre pédagogie, le rôle de l'école dans notre société, le passé et l'avenir de nos institutions scolaires. On trouvera dans ce livre quelques-unes de ces études. Un mémoire historique y voisine avec une leçon de psychologie, des circulaires administratives avec des programmes de réformes. Mais j'espère que cette diversité ne sera pas qualifiée

I

PÉDAGOGIE FRANÇAISE (1)

On peut former un être humain soit du dehors soit
du dedans ; on peut le modeler comme une pâte inerte
ou lui inspirer le désir du progrès ; on peut lui imposer
un fardeau de connaissances ou lui suggérer le dessein
d'en acquérir ; on peut le courber sous une règle extérieure ou l'habituer au gouvernement de soi ; on peut
le dresser ou l'élever. Toute doctrine pédagogique fait
une part au dressage et une part à l'éducation. Mais
chaque école se distingue des autres par la proportion
selon laquelle elle dose ces deux éléments : l'une est
plus autoritaire, l'autre plus libérale. Quelle est la formule de l'école française ?

L'école française de pédagogie naît au XVIᵉ siècle. Au
moyen âge, en effet, la pédagogie est internationale : de

(1) Mémoire rédigé pour l'Exposition de San-Francisco (1915)
et publié dans *la Science française* (Larousse).

Coïmbre à Vienne, ce sont les mêmes livres qui offrent aux étudiants de toutes nations les mêmes commentaires du même Aristote. Mais à la Renaissance la réaction contre la scolastique revêt, en France, une forme particulière, et, dès cette date, par cette réaction même, se trouvent fixés les traits originaux de la pédagogie française.

Rappelons-nous, si nous voulons comprendre cette réaction, le caractère de l'éducation scolastique. Nulle n'était, à première vue, plus propre à éveiller les esprits : les élèves n'avaient-ils pas à chercher des arguments pour et contre toute thèse ? N'étaient-ils pas tenus de mettre en forme rigoureuse tous leurs raisonnements ? Comment leur jugement, soumis à de telles épreuves, ne se serait-il pas aiguisé ? Mais, dans les discussions de l'Ecole, le dernier mot n'est jamais à la raison, il est au livre ; l'esprit s'incline devant l'autorité. Dès lors, les luttes d'idées ne sont plus que jeux de mots ; l'apparent enchaînement des preuves n'est que le déroulement d'un mécanisme verbal. On prétend enseigner l'art de penser, on ne crée que des routines intellectuelles ; on prétend former des esprits, on fabrique des machines à syllogismes.

C'est la scolastique ainsi comprise que combattent nos écrivains du xvi⁰ siècle, et, au premier rang, Rabelais et Montaigne. Ils lui adressent des reproches identiques : elle surcharge la mémoire au point d'étouffer le jugement ; elle use l'esprit dans de vaines discussions au lieu de l'enrichir par l'observation des réalités. Rabelais est plus exigeant que Montaigne, soit en matière d'éducation physique, soit en matière d'enseignement littéraire. Mais, si son programme est plus vaste, ses préceptes s'inspirent des mêmes principes : ils veulent l'un et l'autre que l'enfant s'instruise comme en se jouant et qu'il apprenne des choses, non des mots. Avec ces nuances, tous deux adoptent la même devise : plus de liberté, plus d'air et plus de vie dans les écoles et dans les esprits ! Dès ses premiers manifestes, l'école française se range sous la bannière de la pédagogie libérale.

La scolastique ne fut tuée ni par Rabelais ni par Montaigne. Bien plus, son esprit anime l'ordre enseignant qui détient, au XVIIᵉ siècle, l'influence la plus considérable, l'ordre des Jésuites. L'éducation jésuitique, c'est l'éducation scolastique mise au goût des gens du monde. L'élève des jésuites est un gentilhomme ; ses manières sont élégantes et son langage châtié. Il ne s'attirera pas les railleries que Rabelais décochait aux Sorbonnistes. Mais, comme ces derniers, il emmagasine dans sa mémoire des formules latines dont il ignore le sens ; en revanche, son bagage scientifique, comme le leur, est léger. C'est sans le vouloir que les scolastiques, confiants dans leurs autorités et dans leurs habitudes, en étaient venus à laisser s'engourdir leur jugement. C'est, au contraire, de propos délibéré, c'est pour donner à la société religieuse et à la société politique des sujets obéissants que les jésuites, réprimant les initiatives de l'intelligence et de la volonté, fabriquent des automates. C'est aussi parce qu'ils n'ont pas confiance dans la nature de l'enfant : ils ne comptent, pour agir sur leurs élèves, que sur des ressorts extérieurs : l'émulation, qu'ils surexcitent par des procédés puérils, et la crainte, qu'ils entretiennent par des châtiments corporels. Par le but qu'elle veut atteindre, par les programmes qu'elle adopte, par les méthodes qu'elle emploie, par les mobiles qu'elle met en jeu, l'éducation jésuitique s'oppose nettement à celle que préconisaient Rabelais et Montaigne. Mais, bien que les collèges des jésuites aient reçu, pendant le xvii° siècle, l'élite de l'aristocratie et de la bourgeoisie françaises, la France ne peut revendiquer comme siennes leurs idées pédagogiques. Même traduite et commentée par un Père français (le P. Jouvency), la *Ratio studiorum* n'est pas une œuvre française.

Eminemment française, au contraire, est l'œuvre de Descartes. Elève — et élève reconnaissant — des jésuites, il n'en critique pas moins, dans toute la première partie du *Discours de la méthode*, l'enseignement qu'il a reçu d'eux au collège de la Flèche. Mais s'il peut être considéré comme un des grands noms de la pédagogie française, c'est surtout parce qu'il en a énoncé deux postulats essentiels :

1° C'est la raison qui rend l'homme susceptible d'éducation ;

2° C'est la raison qui est l'instrument nécessaire de l'éducation.

Etre raisonnable, l'homme est susceptible d'éducation : le « bon sens » est, au sens exact du terme, le « sens commun » ; tous les hommes en sont pourvus : « la raison est la chose du monde la mieux partagée ».

Mais tous ne savent pas également s'en servir. Qu'on le leur apprenne ; qu'on leur enseigne l'art de « conduire par ordre leurs pensées », et ils sauront par surcroît conduire leur vie : ils éviteront l'erreur et, en même temps, le mal. Une éducation méthodique ne saurait être inefficace.

Et c'est par un effort personnel que chacun peut obtenir ce résultat ; toute connaissance imposée du dehors est incertaine ; il n'y a de certitude dans la pensée et de rectitude dans l'action que grâce à l'exercice de la réflexion. Malebranche exagère ce trait au point de condamner tout ce qui ne contribue pas à la culture de la raison ; il voudrait bannir la connaissance sensible ; il méprise l'histoire parce qu'elle fait appel à la mémoire. On n'en voit que mieux, chez lui, la tendance de la pédagogie cartésienne : mettre au premier plan l'éducation du jugement.

Cette tendance n'est pas moins visible dans les écrits des Jansénistes. Leur système d'éducation s'oppose trait pour trait à celui des jésuites. Pour agir sur l'enfant, ils ne font appel ni à l'émulation ni à la crainte ; ils cherchent à réveiller, au plus profond de l'âme, le sentiment de la dignité. Ils veulent que l'activité de l'enfant se déploie librement ; sans lui éviter les efforts féconds, ils s'ingénient à découvrir des procédés (telle leur méthode d'épellation) qui le dispensent des efforts stériles. Et que lui apprennent-ils ? L'art de penser. L'élève ira du connu à l'inconnu. En vertu de ce principe, il apprendra sa langue maternelle avant toute autre (véritable révolution qui, dans le programme des écoliers, enlève au latin sa primauté). Il procédera du concret à l'abstrait : même en grammaire, on ne formulera les règles qu'à l'occasion des exemples rencontrés dans les lectures. On n'introduira les idées dans les esprits qu'en les faisant passer par les sens. Si, par ce dernier trait, les jansénistes se séparent des cartésiens idéalistes, il n'en est pas moins vrai que, par l'esprit de leur doctrine, par l'importance qu'ils accordent à la pensée et à la méthode, ils demeurent les disciples fidèles de Descartes. On croirait parfois qu'ils n'ont pas eu d'autre dessein que de tirer une pédagogie du *Discours de la méthode.*

Si peu janséniste qu'il soit, Fénelon appartient cependant, en matière d'éducation, au même groupe qu'Arnauld et Nicole. Comme eux, il a le respect de l'enfant, de sa liberté et de sa pensée. Quel est son programme ? Dans les premières années, prendre soin du corps, ne pas « presser l'instruction ». Le moment venu, favoriser la curiosité naturelle de l'élève. Éviter de fatiguer l'attention, et, pour y parvenir, « diversifier » les études. Profiter de toutes les occasions, — en susciter au besoin — pour inculquer indirectement des connaissances. Prendre des ménagements avec les défauts et ne les combattre que par des moyens détournés. Bref, liberté pour l'enfant, et, de la part de l'éducateur, apparente abstention ; certains de ces traits rappellent Montaigne et annoncent Rousseau.

Fénelon, et, plus encore que Fénelon, les jansénistes sont, au xviie siècle, des révolutionnaires. Ils ne poussent pas eux-mêmes leurs hardiesses jusqu'à l'extrême : ils n'appliquent pas à l'éducation des filles toutes les idées qu'ils jugent bonnes pour l'éducation des garçons. Jacqueline Pascal, qui exprime sur cette question l'opinion de Port-Royal, paraît avoir peur pour les femmes de l'instruction et de la réflexion ; elle dote généreusement leur mémoire pour que leur esprit, bien garni de souvenirs, n'éprouve pas le besoin de forger des pensées qui seraient nécessairement de mauvaises pensées ! Fénelon est plus aimable et plus libéral : il admet que la femme apprenne tout ce qui lui sera nécessaire pour élever ses enfants. Et ce principe est gros de conséquences. Mais c'est toujours en vue de la famille qu'il instruit la femme ; il ne cherche pas à développer pour elle-même la personnalité féminine.

Ses contemporains sont plus timides : ils s'inspirent, soit de ses idées, soit de celles des jansénistes ; mais ils les tempèrent par des opinions d'autre source. Pour les filles, Mme de Maintenon, à Saint-Cyr, relègue l'instruction au troisième plan, après l'éducation du caractère et le travail des mains. L'abbé Fleury n'inscrit au programme de l'enseignement féminin que trois articles : la langue française, la logique et l'arithmétique. Et l'abbé de Saint-Pierre, un peu plus tard, passera pour un rêveur, lorsqu'il exigera que les femmes, en sachent assez pour s'entretenir avec leurs maris. Les autres éducateurs mêlent, en proportions diverses, les idées nouvelles et les idées traditionnelles. Bossuet, précepteur du Dauphin, emprunte aux jésuites leur goût pour les langues classiques et leur pratique de l'émulation. Mais, à l'exemple des jansénistes, il donne ses leçons en français et introduit dans son programme les sciences et la philosophie. De même, Rollin, au début du xviii° siècle, subit manifestement l'influence des jansénistes ; il préfère la persuasion à la contrainte, il fait appel à la réflexion plus qu'à la mémoire. Mais ce qui caractérise surtout le *Traité des études*, c'est la « sagesse » des préceptes qu'il contient : observons les enfants ; adaptons l'enseignement à leur mentalité ; procédons avec lenteur ; assurons-nous qu'ils nous suivent ; ne craignons pas de nous répéter ; ils apprennent assez vite s'ils apprennent bien ; ils savent assez s'ils savent à fond. Ces préceptes, dictés par l'expérience, toute école peut les revendiquer.

En définitive, au xvii° siècle et au début du xviii° siècle, ce ne sont pas les représentants des idées françaises qui sont, en France, les maîtres de l'éducation. Ce n'est ni Descartes ni Port-Royal ni Fénelon qui triomphe : ce sont les jésuites. Vers cette date, leur système d'éducation s'introduit dans un domaine nouveau, dans un domaine immense : l'abbé de La Salle fonde l'institut des Frères des écoles chrétiennes pour répandre dans le peuple une instruction modeste ; et l'on croirait, à maint signe, qu'il a voulu transposer, à l'usage des classes populaires, les méthodes employées par les jésuites pour les enfants de la bourgeoisie et de l'aristocratie. Dans la *Conduite des écoles*, comme dans la *Ratio discendi et docendi*, la primauté est accordée aux exercices et aux procédés qui plient l'intelligence et la volonté de l'élève, fût-ce par la férule et le fouet, sous une réglementation minutieuse. Quelques connaissances usuelles (la lecture, l'écriture, les quatre règles du calcul), c'est tout ce que l'enfant retirera de son passage dans cette école muette et morose. En revanche, il aura reçu de nombreux préceptes de civilité. Est-ce défiance à l'égard de la nature enfantine ? Est-ce timidité intellectuelle ? Est-ce dessein politique ou religieux ? en tout cas, J.-B. de La Salle, s'il a eu le mérite de poser le problème de l'éducation populaire, ne l'a certes pas résolu dans le sens de la pédagogie libérale. Sur ce terrain — et sur d'autres — la tradition inaugurée par Rabelais et Montaigne, continuée par Descartes, par les Jansénistes et par Fénelon, la tradition française est à reprendre.

****

Elle est reprise par Rousseau. Les hardiesses de Jean-Jacques auraient effrayé Descartes et même Montaigne. Pourtant, s'il n'observe pas leur mesure, il est leur disciple : c'est leur cause qu'il va faire triompher.

L'*Émile* est connu : il suffira d'en rappeler les thèmes principaux.

1° L'homme est naturellement bon : c'est la société qui le pervertit. Il faut donc le soustraire à l'influence de la société et l'élever seul dans la nature. L'élever, c'est trop dire : lui laisser le soin de s'élever. Le maître doit s'abstenir de gêner l'épanouissement des tendances naturelles de l'élève ; il doit mettre tous ses soins à s'effacer, à écarter de l'enfant tout ce qui ferait obstacle à la spontanéité de son développement. L'éducation doit être libérale au point d'être nulle : on ne cultive pas, on laisse pousser.

2° La nature de l'enfant varie avec son âge ; si négative qu'elle soit, l'action de l'éducateur doit varier comme la mentalité de l'élève. L'instituteur doit « considérer ce que les enfants sont en état d'apprendre » beaucoup plus que ce qu'ils ont besoin d'apprendre pour l'avenir. Quel est donc, à chaque âge, le naturel de l'enfant ? Et quel programme, quelles méthodes lui conviennent ?

Jusqu'à douze ans, l'enfant est un petit animal : vous n'avez à vous préoccuper que de son corps et de ses sens. Donnez-lui d'abord l'aliment naturel, le lait de sa mère. Laissez ses membres à l'aise : guerre au maillot ! guerre aux chaussures ! Emile marchera pieds nus. Ayez confiance dans la vertu médicatrice de la nature : la médecine est un artifice : Emile n'aura pas de médecins. Ne lui donnez aucun enseignement. N'essayez pas de lui apprendre l'histoire (il ne saurait saisir l'enchaînement des faits), ni la littérature (il ne comprend rien aux fables de La Fontaine). En revanche, qu'il observe, qu'il exerce ses sens ; qu'il voie clair, même dans l'obscurité ; qu'il sache apprécier les distances ; qu'il fasse provision de sensations pour en faire plus tard des idées. Il est libre. Des connaissances librement acquises ne sont-elles pas plus solides que celles qui sont imposées par contrainte ? Si d'ailleurs il mésuse de sa liberté, la nature se chargera de le punir : s'il agite trop violemment la main, il heurtera des obstacles ; s'il calcule mal ses distances, il peinera longuement avant d'atteindre son but. Rousseau esquisse dès le xviii° siècle la théorie spencérienne des sanctions naturelles.

De douze à quinze ans, l'enfant devient un homme : il juge et raisonne. C'est le moment de fournir des aliments à ses facultés intellectuelles. Quels aliments ? Ceux qu'il trouvera dans la nature. Il apprendra l'astronomie en contemplant le ciel étoilé, la géographie en parcourant le monde, la mécanique en exerçant un métier. Mais il n'apprend encore ni la grammaire ni l'histoire ; il n'a pas de livres : ce sont « les choses » qui l'instruisent. Peut-on même dire qu'il s'instruit ? Non, il forge seulement l'outil qui lui permettra d'acquérir des connaissances. A quinze ans, Emile n'est pas « instruit, mais instruisable ».

Enfin, à partir de quinze ans commence l'âge du sentiment. On peut désormais parler au jeune homme des problèmes métaphysiques et religieux ; on peut entreprendre son éducation morale. Comme l'éducation physique, comme l'éducation intellectuelle, l'éducation religieuse et l'éducation morale se font en toute liberté. C'est Emile qui choisira lui-même sa religion.

L'âge du sentiment n'est pas seulement l'âge de la religion et de la morale, c'est l'âge de l'amour. Emile va rencontrer Sophie. Ne lisons pas leur roman : le dernier livre de l'*Emile* est moins hardi que les précédents. Rousseau pense que Sophie doit être élevée non pour elle-même mais pour Emile. Lui que le paradoxe n'effraie pas, il a dû s'effrayer des paradoxes de l'abbé de Saint-Pierre.

Nous n'avons pas à apprécier l'*Emile* mais à rechercher quelle place il occupe dans notre littérature pédagogique. Elle est considérable. On complétera l'*Emile* ; on le critiquera ; on montrera que l'éducateur ne peut pas faire abstraction de la société, qu'il doit, au contraire, adapter l'enfant à son milieu social. Mais on n'oubliera pas Rousseau : il exercera son influence sur tous ceux que préoccupe le problème de l'éducation : Kant, Basedow, Pestalozzi, Spencer et Tolstoï lui doivent leurs théories les plus célèbres. L'une de ses idées les plus fécondes, c'est celle de la diversité des âges. Cette idée, Rousseau l'exagère ; il creuse entre les âges des abîmes que la vie, continue par essence, ne saurait nous révéler ; l'enfant n'est pas exclusivement un petit animal, pas plus que l'adolescent n'est exclusivement un être de passion. Mais il demeure vrai de répéter que l'éducation doit suivre l'évolution progressive de l'enfant. Et ce thème est devenu familier à maint auteur du xixe siècle : *l'Education progressive*, c'est le titre même de l'ouvrage pénétrant de Mme Necker de Saussure. Enfin, l'idée maîtresse de l'*Emile* rattache Rousseau à l'école française du xvie et du xviie siècle : n'est-il pas d'accord avec Montaigne et avec Fénelon lorsqu'il multiplie les appels à la spontanéité, à la liberté de l'enfant ? n'est-il pas d'accord avec Descartes lorsqu'il énonce le postulat sans lequel toute pédagogie serait vaine, le postulat optimiste qui permet à l'éducateur d'espérer que ses efforts ne seront pas infructueux, le principe de la bonté originelle de la nature humaine ?

Même s'ils n'aiment pas Rousseau, les philosophes du xviiie siècle, lorsqu'ils parlent d'éducation, se rangent à ses côtés. Condillac appuie sa pédagogie sur une psychologie : c'est sa doctrine psychologique qui lui dicte des règles comme celles-ci : il faut enseigner le concret avant l'abstrait, faire connaître les choses par les sens avant d'en venir aux idées générales ; il faut suivre dans l'enseignement « la manière dont les hommes se sont conduits pour créer les arts et les sciences », faire parcourir à l'individu les étapes de la civilisation. Mais ces règles concordent souvent avec celles de Rousseau et de ses précurseurs. Condillac a plus confiance dans la réflexion que dans la mémoire : « on sait mieux, dit-il, les choses qu'on peut retrouver que celles dont on peut se ressouvenir ». Bien que son système philosophique l'éloigne, en apparence, de Descartes, il recommande aussi énergiquement que les cartésiens l'effort de réflexion personnelle.

De même, Helvétius, si peu cartésien qu'il soit, n'en arrive pas moins à proclamer, comme Descartes, que toutes les différences individuelles viennent de l'éducation. Et, tirant de cette thèse des conséquences extrêmes, il soutient, comme le soutiendra, au xixe siècle, Jacotot, que l'éducation est toute puissante et qu'il dépend d'elle de faire de nous des génies ou des médiocrités.

Cette idée le conduisait naturellement à demander pour tous les hommes, naturellement égaux, une éducation équivalente. Ce vœu, Helvétius n'est pas seul à le formuler. Diderot, qui n'admet pas tous les paradoxes de son ami, réclame, lui aussi, pour tous les enfants une école obligatoire, gratuite et « publique ». Et La Chalotais, l'adversaire des jésuites, exprime vers le même temps la même idée. A l'aube du xviii° siècle, nous avons vu la pédagogie des jésuites, non contente de ses succès aristocratiques, se répandre parmi le peuple. A la fin du même siècle, les jésuites sont chassés de France ; les « philosophes » sont vainqueurs ; l'opinion est férue de Rousseau ; l'*Emile* est à la mode ; et l on songe à appliquer à l'éducation populaire les méthodes de la pédagogie libérale.

*
* *

Appliquer à l'éducation populaire les méthodes de la pédagogie libérale, tel est le problème qu'avait à résoudre, en France, le xix° siècle. Problème nouveau : durant les siècles précédents, l'éducation collective n'allait pas sans un régime autoritaire, et, même dans les romans pédagogiques, l'éducation libérale n'était donnée qu'à des individus isolés. Problème ardu, car s'il est facile de gouverner une classe à l'aide du « signal » et de la férule, n'y a-t-il pas incompatibilité entre le principe de liberté et les nécessités de la vie collective ? Comment concevoir une classe d'Emiles ? Comment soumettre à une discipline des enfants dont on veut faire des hommes libres ? C'est l'honneur de la Révolution française d'avoir su poser ce problème ; c'est l'honneur de la Troisième République de n'avoir pas reculé devant les difficultés de la solution.

Les assemblées révolutionnaires ont nettement vu qu'en appelant le peuple à se gouverner elles prenaient l'engagement de l'instruire. Ce principe est commun à tous ceux de leurs membres qui sont appelés à formuler sur ce point une opinion. La Constitution vient d'affranchir les Français ; la liberté est inscrite dans les lois ; mais l'instruction est la condition de la liberté : il faut éclairer les citoyens pour que la liberté descende dans les mœurs. En outre, l'instruction est une condition de la véritable égalité civique et un facteur de la moralité populaire. Ces principes posés, les grands révolutionnaires imaginent des plans d'instruction publique dont le dessin varie suivant leurs tempéraments individuels. Condorcet est un organisateur : il étendrait sur le pays un vaste réseau d'écoles de divers degrés (écoles primaires. écoles secondaires, instituts, lycées, société nationale des sciences et arts) ; il prévoit un enseignement postscolaire, un enseignement professionnel, un enseignement féminin — identique, d'ailleurs, à l'enseignement masculin. Lakanal est un éducateur : il insiste davantage sur les méthodes ; il préconise l'intuition et l'enseignement concret ; il songe à la formation des maîtres et c'est à lui que nous devons la conception de nos « écoles normales ». Mais ce qui importe, c'est moins le détail de ces « projets » que leur inspiration démocratique et laïque. Toute l'œuvre scolaire de la Troisième République est en germe dans les « Rapports » des hommes de la Révolution.

Le germe devait attendre, avant d'éclore, près d'un siècle. Pour la science française de l'éducation, le début du xixe siècle est une période stérile. L'Université impériale revient aux traditions de l'Université de l'ancien régime. Et la Restauration n'a pas d'autre idéal. Une société qui veut réagir contre la société révolutionnaire n'éprouve pas le besoin de chercher de nouveaux guides intellectuels : ceux du passé lui suffisent. Abstraction faite du livre déjà cité de Mme Necker de Saussure, peut-être les ouvrages les plus intéressants de cette époque sont-ils ceux que consacrent à l'éducation féminine Mme de Genlis, Mme Campan, Mme de Rémusat et Mme Guizot. Puis vient une période de fermentation intellectuelle : les idées révolutionnaires renaissent : chaque école socialiste possède sa doctrine pédagogique : Considérant, en bon fouriériste, expose une méthode d'éducation « naturelle et attrayante ». On réfléchit sur la Révolution française et sur la pédagogie qu'elle portait en ses flancs. Cette pédagogie, les uns, comme Dupanloup, la combattent, non sans faire au libéralisme d'importantes concessions. Les autres, comme Michelet et Quinet, en font l'apologie. Michelet, reprenant la thèse de Rousseau sur la bonté naturelle de l'homme, l'oppose à la pédagogie de l'Eglise et trace, dans l'enthousiasme, le programme du libre épanouissement de l'individu depuis le sein de sa mère jusqu'à l'âge civique. Quinet, croyant apercevoir entre la pédagogie traditionnelle et les principes de la société moderne un antagonisme, réclame une réforme profonde de l'éducation nationale et l'institution d'un enseignement populaire indépendant de toute confession religieuse.

Parallèlement à ce mouvement d'idées se dessinaient d'importants changements dans nos institutions scolaires. Guizot faisait voter, en 1833, une loi créant, en principe, une école dans chaque commune de France, et, à cette occasion, il définissait dans une belle « lettre » la mission morale et sociale des instituteurs. Le même ministre concevait l'idée de nos écoles primaires supérieures et fondait des écoles normales. A la fin du second empire, de nouveaux progrès sont accomplis par Victor Duruy. L'enseignement féminin est créé. Dans l'enseignement secondaire masculin, Duruy institue, à côté des humanités classiques, un enseignement « spécial » : c'est le prototype de l'enseignement « moderne » ou « réel » qui fleurit en tant de pays. Duruy élargit les programmes ; il réintroduit dans nos lycées la philosophie et l'histoire qui, soupçonnées de former de libres esprits, avaient été bannies par un gouvernement autoritaire. Il rend obligatoire dans les écoles primaires l'enseignement historique : c'est dire qu'il ne considère pas l'instituteur comme un simple maître de lecture, d'écriture et de calcul, mais qu'il compte sur lui pour faire l'éducation civique des Français. Ainsi, grâce à de grands ministres, les institutions scolaires s'orientaient vers l'idéal démocratique que définissaient, à la même heure, de grands écrivains.

L'avènement de la République hâta la réalisation de cet idéal. Au lendemain de la guerre de 1870, hommes d'État et hommes d'études s'entendent pour réorganiser nos écoles de tous degrés. Nous n'avons pas à entrer dans le détail de ces créations ou de ces réformes. Nous nous bornerons à en indiquer l'esprit.

Est-il nécessaire de dire que l'esprit qui présida à la réforme de l'enseignement supérieur fut un esprit de liberté? Peut-on concevoir sans liberté le travail scientifique ? Lorsqu'il s'agit d'enseignement supérieur, les esprits les moins libéraux ne sont pas ceux qui réclament le moins énergiquement la liberté. A ce degré, il ne saurait être question d'hésiter entre deux écoles pédagogiques : la meilleure des réformes est celle qui fournit à l'activité scientifique les aliments les plus abondants et les stimulants les plus énergiques. Tel était le but de la loi de 1896 qui substituait à nos facultés, languissantes dans leur isolement, des universités, solides faisceaux de facultés solidaires, ardents foyers de libres recherches.

C'est dans l'enseignement secondaire que s'étaient conservées avec le plus de ténacité les traditions de la pédagogie autoritaire. Elles s'affaiblissent peu à peu. Ce qu'on prend souvent pour une réaction contre les humanités classiques, c'est, en réalité, un progrès dans la voie tracée, dès le xvii⁰ siècle, par Descartes, par Port-Royal et même par Bossuet. Si l'on a banni le vers latin, ce n'est pas parce qu'il était latin, mais parce qu'il n'imposait aux jeunes gens qu'un travail artificiel et stérile. C'est pour la même raison que Bossuet renonçait à l'emploi du latin dans ses entretiens avec son élève. Les exercices qui n'exigent qu'une sorte d'habileté verbale et de mécanisme mnémonique doivent céder la place à ceux qui suscitent la curiosité intellectuelle. Tel était le principe de la réforme qui fut effectuée aux environs de 1880 ; tel est encore le principe de la réforme de 1902. Celle-ci n'eut pas seulement pour but, comme on le croit trop volontiers, de créer dans nos

lycées de nouvelles sections, de nouveaux cycles
d'études, de nouveaux baccalauréats mais encore et
surtout de préconiser de nouvelles méthodes : accroissement du temps consacré aux manipulations de physique ou de chimie, aux observations et aux expériences : accroissement du temps consacó à la lecture
des écrivains et suppression des cours d'histoire littéraire, ces mesures sont destinées à mettre les jeunes
gens en contact direct avec la vérité scientifique et avec
la beauté littéraire ; elles sont conformes aux principes
de nos grands pédagogues du xviie et du xviiie siècles.
Et c'est aussi dans le sens de la pédagogie libérale que
s'est effectuée, en 1890, la réforme de la discipline universitaire.

C'est dans l'esprit de la pédagogie libérale qu'ont été
rédigés tous les règlements re atifs à l enseignement primaire. Créé, pour ainsi dire, par la Troisième République, cet enseignement n'était pas gêné dans son progrès par de lourdes traditions. La difficulté, pour ses
fondateurs, était, au contraire, de trouver des solutions
aux problèmes nouveaux que suscitait son institution.
Le plus grave de ces problèmes était celui de l'enseignement moral L'école étant ouverte à tous les enfants,
quelle que soit leur religion, doit demeurer neutre au
point de vue confessionnel. Il est donc impossible de
fonder l'enseignement moral sur des croyances reli-
gieuses. L'instituteur, selon le mot de Jules Ferry, doit
inculquer à l'enfant la morale des honnêtes gens de
tous les temps et de tous les pays. En dépit de cet appel
à la tradition universelle, c'est une grande révolution

pédagogique que la France tentait par la loi sur la laï-
cité : pour la première fois dans l'histoire, un peuple
renonce à l'apparent appui de la religion positive et ne
s'adresse, pour faire l'éducation des jeunes générations,
qu'à l'expérience et à la raison.

Ce n'est pas seulement pour l'enseignement de la morale que l'instituteur fait appel à l'expérience et à la
raison. Cette méthode est employée dans toutes les disciplines. On ne néglige pas la mémoire ; on use d'autant plus de cette faculté que l'âge de l'élève est plus
tendre. Mais elle ne règne nulle part, pas même à
l'école maternelle. L'effort des éducatrices qui s'oc-
cupent des tout jeunes enfants consiste à bannir des
« écoles » maternelles tout ce qui est scolaire : il s'agit
d'en faire des milieux sains et agréables où l'enfant
s'épanouit en liberté, exerce ses yeux et ses mains,
prend de bonnes habitudes physiques et morales, en attendant qu'il ait atteint l'âge où il se servira de livres
et de cahiers. Sans tomber dans les exagérations de
Rousseau, qui ne voulait pas d'éducation intellectuelle
avant douze ans, on estime du moins qu'avant six ans
l'éducation intellectuelle ne doit comporter aucun ap-
pareil livresque : à cet âge, entre l'étude et le jeu, il ne
saurait y avoir solution de continuité.

A mesure que l'enfant grandit, la discipline intellectuelle se fait, à l'école, plus exigeante. Elle ne cesse pas
d'être libérale. Les classes les meilleures, à notre gré,
ne sont pas celles où des enfants immobiles enregistrent,
sans réagir, les paroles du maître et les reproduisent au
commandement. Nous souhaitons, entre le maître et

l'élève, un échange incessant de questions et de réponses tenant en éveil les esprits.

Dans cette classe vivante, qu'enseigne-t-on ? Rien qui ne soit indispensable. Les programmes, en apparence, sont vastes, sinon encyclopédiques. En réalité, ils ne comprennent que des connaissances élémentaires : morale et instruction civique ; lecture et écriture ; langue française ; histoire et géographie de la France, avec des notions sommaires sur le reste du monde ; calcul et leçons de choses. Tous ces enseignements, même les plus abstraits, doivent être donnés suivant la méthode intuitive. Les « leçons de choses » ne doivent pas être des leçons sans choses : on recommande aux maîtres de constituer, dans chaque classe, un musée scolaire où sont conservés les objets qui seront, pendant les leçons, placés sous les yeux des enfants. Les problèmes de calcul ne doivent pas contenir de données arbitraires, mais correspondre à des actes réels de la vie courante. L'enseignement géographique doit partir de l'étude du milieu immédiat et ne doit jamais se donner sans représentations figurées des pays décrits. Une illustration abondante doit montrer aux enfants, à mesure que se déroulent devant eux les diverses périodes historiques, la vie et la civilisation des hommes d'hier ou d'autrefois. Il n'est pas jusqu'à l'étude de la grammaire qui ne doive repousser l'abstraction ; la règle ne doit venir qu'après l'exemple, et c'est d'après les textes des meilleurs auteurs que l'enfant apprend sa langue maternelle.

Sur tous ces points, les éducateurs français sont unanimes. A chaque génération d'instituteurs, depuis près de quarante ans, les hommes qui dirigent l'enseignement public redisent : « Soyez simples ; parmi les articles des programmes, faites un choix ; ne gardez que ce qui convient à l'âge de vos élèves et ce qui les prépare à la vie. Soyez concrets, faites la guerre au verbalisme et au psittacisme ; supprimez tout intermédiaire entre l'esprit de vos élèves et l'objet de leur étude ; suscitez la curiosité et excitez la réflexion ; tout en contrôlant leurs efforts, laissez courir leur esprit ; ne leur imposez ni une direction tyrannique ni une opinion dogmatique ». Ceux mêmes qui combattent l'Université ou créent, à côté des siennes, des « écoles nouvelles », ne font que reprendre les thèmes favoris des grands universitaires. On croirait que la vérité pédagogique est acquise et que, si l'on peut discuter sur tel ou tel procédé, on est d'accord sur l'esprit qui doit animer l'éducation.

*
* *

Si les grandes lignes de la science de l'éducation sont tracées. il s'en faut que les détails soient arrêtés avec précision. C'est à cette étude minutieuse que s'attache, à l'heure présente, la pédagogie française. Elle s'efforce d'emprunter leurs méthodes aux sciences positives. Les théories pédagogiques étaient hier soit des hypothèses métaphysiques, soit des romans littéraires, soit des plans politiques. Elles se présentent aujourd'hui comme des corollaires des lois de la psychologie ou de la sociologie.

C'est surtout à la psychologie que, depuis vingt ans, nos éducateurs vont demander soit l'indication de méthodes nouvelles, soit la justification d'anciens procédés. L'école française se distingue des écoles voisines, — même de l'école belge, qui lui est pourtant très étroitement apparentée — par l'importance qu'elle accorde à l'observation et à l'expérimentation proprement psychologiques. Sans doute elle ne néglige pas les données de la physiologie ; ce n'est pas en France qu'on peut méconnaitre la portée pédagogique des théories de Th. Ribot sur l'attention, sur la mémoire, sur les sentiments et sur le caractère ; même lorsque les conclusions de ce savant tendent à limiter étroitement l'efficacité de l'éducation, elles n'en offrent que plus d'intérêt pour l'éducateur ; il n'est pas inutile, pour agir, de savoir où doit et où peut s'arrêter l'action. Mais, si elle s'appuie sur la physiologie, la « pédologie » française n'en est pas moins essentiellement psychologique. Exclusivement psychologiques sont les ouvrages français sur le développement intellectuel et moral de l'enfant, sur son langage, sur ses jeux, son imagination, ses sens; depuis les brèves observations de Taine (appendice au livre de l'*Intelligence*), une riche littérature a vu le jour en France ; si riche que le sujet, pourtant inépuisable, parait épuisé ; on s'attaque maintenant à l'observation d'un être humain qui, pour l'éducateur, est encore plus intéressant que l'enfant : l'adolescent.

A côté des observateurs de l'enfance, voici des psychologues expérimentateurs. Le plus patient, le plus ingénieux d'entre eux fut Alfred Binet, dont l'œuvre considérab'e est complétée chaque jour par de nombreux discip'es. Binet estimait que l'école est un véritable laboratoire de psychologie pédagogique : on peut y mesurer non seulement l'acuité des sens, mais la fidélité de la mémoire, la durée de l'attention, même la valeur de l'intelligence. Et il pensait que, soit par l'interrogation individuelle des écoliers, soit par des enquêtes collectives, on pourrait parvenir à apprécier exactement les résultats de telle ou telle méthode d'enseignement. L'expérience psychologique a-t-elle donné tous les résu'tats qu'en attendait Binet? Il est très difficile de l'affirmer. Plus que toute autre, cette expérience exige des précautions multiples ; les risques d'erreur sont innombrables ; l'interprétation des résultats les plus certains est toujours délicate. Pourtant, il semble bien que les travaux de Binet et de son école ont permis de rectifier un certain nombre de pratiques traditionnelles mais vicieuses, et de justifier soit des pratiques excellentes dont un empirisme irréfléchi recommandait seul l'adoption, soit des initiatives heureuses qui rencontraient la résistance de la routine. Au surplus, une telle méthode ne peut donner tous ses fruits que grâce au travail patient de plusieurs équipes d'ouvriers : de telles équipes sont constituées sur plusieurs points de la France, et l'on peut espérer de leurs consciencieuses enquêtes le rajeunissement de maint chapitre de notre pédagogie.

D'autres chapitres ont été renouvelés par la psychologie pathologique. On sait que l'étude des anormaux a toujours été chez nous fort en honneur. C'est en France qu'ont été créées, par Valentin Haüy, les premières écoles pour aveugles. Et c'est un Français, l'abbé de l'Épée, qui, l'un des premiers, instruisit par le moyen de signes des classes de sourds-muets. Aujourd'hui, ce sont d'autres anormaux qui attirent l'attention : ceux dont le système nerveux est malade. Des classes de perfectionnement sont instituées pour les plus légèrement atteints. Et la pédagogie tirera certainement profit des observations faites à leur sujet. Elle a déjà profité d'observations prises sur les fous et les demi-fous. C'est en soignant des hystériques que Charcot a découvert cette différence des types visuel, auditif et moteur qui jette tant de lumière sur la valeur comparée de différents procédés pédagogiques. C'est la psychiâtrie française qui a mis en lumière le pouvoir moteur des idées, l'intime union de la pensée et du mouvement. Or, cette notion a produit une révolution dans certains enseignements. Elle a révélé le danger que présentaient pour l'orthographe les exercices « cacographiques » et les dictées difficiles qui, obligeant l'élève à conserver le souvenir de ses fautes, le condamnent à récidiver. Elle pourrait produire une révolution dans l'éducation morale elle-même, car elle montre le danger des ordres ou conseils formulés en termes négatifs (« Ne fais pas ceci ») qui suggèrent et, par suite, déclanchent l'acte qu'ils voudraient proscrire, et, inversement, la valeur des prescriptions positives (« Fais cela »), des encouragements et des stimulants. Par une conséquence imprévue, la psychiâtrie française vient confirmer les conclusions de notre pédagogie libérale.

Enfin, les progrès actuels de la sociologie, en France, ne sauraient manquer d'avoir leur retentissement sur la science de l'éducation. Il est inévitable qu'une science des sociétés, en se constituant, tire de ses constatations des applications pédagogiques : l'école est une institution sociale trop importante pour qu'elle ne varie pas en fonction de facteurs sociaux ; la sociologie doit rechercher la loi de ces variations. Pourtant, les ouvrages et même les articles de pédagogie sociologique sont encore rares. Et si l'on peut attendre des sociologues une importante contribution à la science de l'éducation, celle-ci demeure en fait, jusqu'à ce jour, presque exclusivement liée à la psychologie.

Psychologie, sociologie, ces deux sciences ne sauraient, à elles seules, constituer la pédagogie. La pédagogie n'est pas seulement une science, un système de vérités méthodiquement établies ; c'est un art, une adaptation de ces vérités à la réalisation d'un idéal. Le but de l'éducateur une fois fixé, le psychologue et le sociologue peuvent lui fournir les moyens les meilleurs, les plus rapides ou les plus commodes, pour y parvenir ; mais quel but faut-il s'efforcer d'atteindre ? Si sur ce point la psychologie et la sociologie ne sont pas muettes, du moins leur réponse ne s'impose-t-elle pas avec l'autorité d'un théorème ou d'un axiome. Il en résulte que l'idéal de l'éducation peut varier de peuple à peuple. La psychologie et la sociologie sont des sciences internationales ; les résultats obtenus par les psychologues ou les sociologues français, s'ils ont une valeur scientifique, viennent s'ajouter à la masse des résultats obtenus par les psychologues ou sociologues étrangers. En pédagogie, il n'en est pas de même : chaque système d'éducation revêt les couleurs de la nation qui l'adopte ; l'idéal scolaire est un aspect de l'idéal national.

Quel est l'idéal de la pédagogie française ? On peut, disions-nous, former un être humain du dehors ou du dedans ; on peut le dresser ou l'élever. La première alternative a été choisie par la scolastique dont la méthode était devenue un véritable dressage intellectuel. Elle fut choisie, du xvie siècle à nos jours, par les jésuites dont la méthode est un vrai dressage physique, intellectuel et moral. Ni la pédagogie scolastique ni la pédagogie jésuitique n'apppartient en propre à la tradition française. Le xvie et le xviie siècles ont éliminé la première ; le xviiie et le xixe siècles ont tâché d'éliminer la seconde. La pédagogie française, c'est la pédagogie de Rabelais et de Montaigne, de Descartes, de Port-Royal, de Fénelon, de Rousseau et de la Révolution, de Michelet et de Quinet, de Duruy et de Jules Ferry. Son domaine, depuis le xvie siècle, s'est singulièrement élargi, et des problèmes ont surgi que Rabelais ne soupçonnait guère. Mais un même esprit anime tous les auteurs que nous venons de citer : tous entendent réduire au minimum le dressage extérieur et mécanique ; pour tous, l'éducation doit être, avant tout, œuvre de liberté et de raison.

II

PRINCIPES PSYCHOLOGIQUES
DE LA PÉDAGOGIE (1)

Messieurs,

En vous parlant de l'éducation du soldat je n'ai pas
le dessein d'usurper le rôle de vos officiers, ni la prétention de vous apprendre votre métier. Mais dès le
moment où j'ai été invité à prendre la parole devant
vous, j'ai pensé qu'entre votre carrière et celle d'un professeur, si différentes à tant d'égards, on peut noter un
trait commun : n'avons-nous pas, les uns et les autres,
une influence à exercer sur la conduite d'autrui ? Ne
sommes-nous pas, les uns et les autres, des éducateurs ?
Dès lors, j'ai cru qu'il pouvait n'être pas sans intérêt de
réfléchir avec vous sur notre art commun, l'art de l'éducation.

D'autant plus que, depuis quelque temps, l'éducation
militaire et l'éducation universitaire subissent une même

(1) Conférence faite à l'école militaire d'infanterie de Saint-
Maixent (1909).

évolution. Dans l'Université, nous nous efforçons de substituer aux méthodes d'autrefois qui laissaient l'esprit passif et lui versaient du dehors des connaissances toutes faites, des « méthodes actives » qui éveillent la curiosité, invitent l'enfant ou le jeune homme à chercher par lui-même la vérité. Or, si j'en crois d'excellents témoins, le même changement s'opère dans les procédés pédagogiques qu'on emploie à la caserne : la guerre moderne, divisant les unités en fractions menues, « réclame une initiative, un esprit de réflexion constants, même chez le simple soldat (1) » : il ne suffit donc pas de bourrer sa mémoire de « théories », il faut lui apprendre à penser et à vouloir par lui-même. D'autre part, la discipline, dans l'armée comme dans l'université, tend à devenir plus libérale : aux règlements un peu rudes des anciens lycées a succédé ce qu'on appelle la « discipline paternelle » ; en même temps, les articles les plus draconiens du code militaire sont tombés en désuétude. Qu'on le regrette ou qu'on s'en réjouisse, l'adoucissement général des mœurs entraîne l'adoucissement des pénalités militaires aussi bien que des pénalités scolaires : votre régime disciplinaire et le nôtre, tout comme nos méthodes d'instruction, ont donc évolué dans le même sens : la pédagogie autoritaire, sans abdiquer, fait une place à la pédagogie libérale.

Pourquoi ce changement ? demanderez-vous. Je n'entreprendrai pas l'étude de ses causes, qui remplirait

(1) Capitaine *Victor Duruy* : « L'éducation du soldat », *Revue de Paris*, du 1er octobre 1907, p. 172.

plusieurs conférences. Et si votre question signifie : à quoi bon ce changement ? je ne me chargerai pas de l'apprécier au point de vue militaire. Mais peut-être vous donnerai-je en partie satisfaction si je vous montre que ce changement correspond à un progrès dans l'observation de l'esprit et du cœur humains, si j'esquisse une justification psychologique de la nouvelle pédagogie. C'est ce que je vais tenter.

Qu'il s'agisse d'un conscrit ou d'un enfant, on ne peut faire son éducation que si l'on peut modifier sa conduite en modifiant ses idées : tel est le postulat sur lequel nous devons nous fonder. Il est bien évident que, si les hommes ne communiquaient pas les uns avec les autres, s'ils ne disposaient pas de signes pour se transmettre leurs idées, il ne saurait être question d'éducation : le langage, condition primordiale de toute vie sociale, est la condition primordiale de l'action éducatrice. Mais cette condition n'est pas suffisante : on peut concevoir des êtres intelligents qui échangeraient des idées sans exercer les uns sur les autres la moindre influence pratique, des esprits purs qui passeraient leur temps à s'amuser de leurs rêves dans de stériles entretiens. Pour qu'un homme agisse sur la vie d'autrui, il faut que ses idées, communiquées à autrui, modifient les actes d'autrui ; il faut que les idées soient des forces capables de mettre en mouvement les volontés et les muscles. Heureusement, il en est ainsi : l'union du corps et de l'esprit est, dans l'homme, si intime que toute idée tend à déterminer un mouvement. En voulez-vous la preuve ? Voyez cette montre que je suspends à mon doigt par un cordon. Il suffit que je pense à un mouvement latéral de mon doigt pour que ce mouvement, imperceptible à vos yeux, s'exécute et se traduise, amplifié, par le déplacement latéral de la montre. Si je pense à un mouvement d'avant en arrière, il s'exécute, vous le voyez, de la même façon. Toutefois, vous observez dans le mouvement de mon pendule quelque hésitation : c'est que j'ai eu simultanément deux idées contraires ; les mouvements qui leur correspondent se neutralisent. Si, au contraire, je joins à l'une de ces idées, l'idée du mouvement latéral, par exemple, le désir de le voir se produire (pour que mon expérience réussisse et soit probante à vos yeux), vous voyez que le mouvement devient plus ample et plus rapide à mesure que mon désir vient davantage renforcer mon idée. De cette expérience, bien connue depuis Chevreul, que devons-nous conclure ? C'est que nous pourrons faire l'éducation d'autrui, puisque, en agissant sur ses idées, nous agissons sur ses mouvements. Mais c'est aussi que nos idées, en passant dans son esprit, seront d'autant plus efficaces qu'elles seront plus nettes, plus intenses et moins contrariées. C'est donc que nous devons rechercher par quels moyens nous pourrons réaliser ces trois conditions favorables à notre influence.

I

La première de ces conditions, c'est que notre idée, transmise à notre élève, soit dans son esprit aussi claire, aussi distincte, aussi complète que dans le nôtre.

A première vue, rien de plus facile que de réaliser cette condition. Vous voulez inculquer une idée à un enfant ? Exprimez-la clairement et, semble-t-il, elle sera claire pour lui. La parole a été donnée à l'homme pour traduire sa pensée, et elle suffit parfaitement à cet office. Si votre élève n'exécute pas votre suggestion, clairement énoncée, c'est qu'il y met de la mauvaise volonté et vous n'avez qu'à l'en punir. Tel est le principe de la pédagogie autoritaire : confiante dans le pouvoir des mots, elle est amenée à incriminer les intentions et à sévir contre elles quand, le mot magique prononcé, l'acte ne suit pas.

Ce principe n'est pas faux. Il suffit souvent d'un mot pour suggérer une idée claire et, par suite, efficace. Mais la parole est parfois insuffisante. Elle ne s'adresse qu'à l'oreille. Or, il arrive qu'une idée ne soit nette que lorsqu'elle parle aux yeux. Les hommes n'entendent pas tous le même langage naturel. Les psychologues contemporains nous partagent en trois groupes, suivant que les signes que nous comprenons le mieux sont visuels, auditifs ou musculaires. Tel d'entre vous n'apprend pas bien une leçon s'il ne la lit : c'est un « visuel ». Tel autre ne la retient que s'il l'entend exposer : c'est un « auditif ». Un troisième ne se contente pas de lire des yeux ; il doit articuler, parler tout au moins à mi-voix pour apprendre : c'est un « moteur ». Ajoutez une quatrième catégorie, la plus nombreuse, celle des hommes qui sont à la fois visuels, auditifs et moteurs. De l'existence de ces divers « types » que résulte-t-il ? C'est que, pour être sûr de donner à une idée toute sa netteté dans l'esprit d'autrui, il faut s'adresser non seulement à son oreille, mais à ses yeux et à ses muscles ; il ne faut pas se borner à lui parler, il faut agir et le faire agir.

Soit, par exemple, à enseigner un mouvement nouveau : le maniement de la plume. Suffit-il de décrire verbalement l'opération ? de dire : « Prenez la plume entre le pouce et l'index ; allongez les doigts, etc. » Il est possible que cette description évoque l'image du mouvement ; mais il est possible aussi qu'elle ne l'évoque pas avec une netteté suffisante. A plus forte raison, s'il s'agit de mouvements plus compliqués et moins usités. Un psychologue américain, William James, a mis fortement en lumière cette vérité : « un mouvement ne peut pas s'accomplir volontairement s'il n'a d'abord été exécuté involontairement ». Vous aurez beau vouloir remuer votre oreille — je reprends l'exemple familier de James — vous n'y parviendrez pas tant que votre main n'aura pas contraint l'oreille à se mouvoir. Il faut que vos muscles mêmes se rappellent le mouvement pour que l'idée de ce mouvement en détermine l'exécution. Ces observations psychologiques dictent à nos instituteurs leur devoir : ils ne se bornent pas à décrire les mouvements qu'ils enseignent, ils les exécutent sous les yeux des enfants ; ils écrivent au tableau noir les lettres qu'ils veulent faire reproduire ; bien plus, ils prennent la main de l'élève et la dirigent ; ils lui donnent des sensations motrices en même temps que des sensations auditives et visuelles. De cette manière, leur enseignement atteint non seulement les « auditifs », mais aussi les « visuels » et les « moteurs ». L'ancienne méthode, purement verbale, réussissait rarement à enseigner l'orthographe à ces deux catégories d'esprit ; on rencontrait souvent des jeunes gens intelligents, instruits, qui semblaient avoir pour la correction grammaticale une invincible répugnance et l'on mettait ce défaut sur le compte de l'étourderie. Je suis loin de nier l'existence de l'étourderie, mais je constate que de telles anomalies deviennent rares dans les établissements où l'on prend la peine d'écrire au tableau les mots difficiles — ceci est pour les visuels, — de les faire copier et épeler — ceci est pour les moteurs — au lieu de se borner à l'emploi d'une méthode purement phonétique. Vous aussi, Messieurs, vous aurez à enseigner à vos soldats des mouvement inusités : vous aurez à leur enseigner le maniement du fusil, le maniement de la pelle et de la pioche. Et peut-être serez-vous tentés d'attribuer à leur mauvaise volonté l'inefficacité de votre enseignement. Vous ne serez pas toujours dans le vrai, si vous n'avez pas commencé par leur donner de votre idée une triple traduction : en langage visuel, en langage auditif, en langage moteur ; si vous n'avez pas fait effort pour pénétrer dans leur esprit par trois voies : par l'oreille, par l'œil et par les muscles.

Soit maintenant à faire l'éducation morale d'un être humain. Il s'agit de lui inculquer des croyances assez évidentes pour déterminer sa conduite. Par exemple : l'enfant qui fréquente volontiers l'école croit que l'étude lui est utile ou trouve qu'elle lui est agréable ; l'enfant discipliné croit que la docilité vaut mieux que la désobéissance. Pour que nos élèves pratiquent les règles de l'hygiène, il faut que nous arrivions à leur faire affirmer que la malpropreté entraîne la maladie ; pour qu'ils évitent l'ivrognerie, il faut qu'ils en reconnaissent les méfaits. De même, vous ne tirerez pas de vos hommes ce que vous devez en attendre, si vous ne savez pas leur inspirer les croyances qui sont l'âme de la vie militaire : « l'héroïsme est une vertu sublime », « la patrie mérite le sacrifice de ses enfants ». Toute action, tout sentiment moral a pour base une idée ou une croyance : pour provoquer cette action, pour inspirer ce sentiment, il est nécessaire de donner à cette idée ou à cette croyance, dans l'esprit du disciple, toute la netteté possible.

Or, il peut sembler que le meilleur moyen de rendre une idée claire, c'est de l'expliquer par des discours. Et en effet le discours n'est pas inutile. Des conférences sur l'hygiène ou sur l'alcoolisme, sur l'obéissance et sur la patrie ne sont pas nécessairement inefficaces. Bien plus, elles sont indispensables. Si commode qu'il soit d'agir sans réfléchir, les hommes n'obéissent volontiers aux conseils ou aux ordres de leur semblables que s'ils se rendent compte de leur valeur. Tels préceptes de l'hygiène moderne (ne pas cracher, par exemple) ne demeurent lettre morte pour beauconp de nos contemporains que parce qu'ils n'en ont pas compris les motifs. Un de nos étudiants, qui sort du régiment, me disait y avoir observé qu'une prescription mal expliquée produit un effet inverse de celui qu'on attend : « rien ne paraît offensant et vexatoire au soldat, m'écrivait-il, comme une prescription d'hygiène qu'il ne comprend pas ». Est-ce vrai seulement des règles d'hygiène ? Napoléon 1er aurait étendu cette remarque aux ordres militaires, lui qui disait : « Le soldat français est raisonneur... Il discute un plan de campagne et toutes les manœuvres. Il peut tout lorsqu'il approuve les opérations et qu'il estime ses chefs ; mais aussi, dans le cas contraire, on ne peut pas compter sur des succès ». Qu'il s'agisse d'inculquer des vertus militaires ou des vertus civiles, il faudra donc expliquer aux hommes ce qu'on attend d'eux et justifier ses ordres par quelques mots, ses recommandations par de petits discours.

Mais, si nécessaire qu'elle soit, cette méthode est insuffisante. Les discours, au lieu de produire la clarté, produisent parfois l'obscurité. Une idée n'est claire pour nous que si notre attention se tourne vers elle. Or, l'attention n'aime pas les discours. L'attention est une vertu capricieuse. C'est l'éducation qui, dans les sociétés civilisées, nous permet de la fixer durant un temps assez long ; mais notre nature résiste à cet entraînement : le discours ne tarde pas à ennuyer, ni les idées qu'il exprime à s'obscurcir dans l'esprit des auditeurs. C'est pour cette raison que, dans nos lycées, on a récemment éduit la durée des heures de classe. Si, contrairement aux règles d'une saine pédagogie, ma conférence est longue, c'est que vous êtes des esprits cultivés. Mais les hommes que vous aurez à commander, comme les enfants que nous avons à élever, ne possèdent pas tous l'habitude de l'attention : si vous voulez avoir sur eux de l'influence, défions-nous des discours.

D'autre part, l'attention n'aime pas les idées abstraites. Elle se fixe plus volontiers — j'entends l'attention des enfants et des simples — sur les images qui parlent aux sens. Or, le langage est abstrait ; la plupart des mots que nous employons sont des termes généraux, décolorés, qui ne rappellent plus les objets concrets. Si, pour expliquer nos idées, nous n'employons que la parole abstraite, nous risquons de n'introduire dans l'esprit de nos auditeurs, au lieu de croyances fécondes, que des mots vides et inertes. Aussi les éducateurs modernes, surtout depuis Pestalozzi, complètent-ils la méthode verbale par l'emploi de la « méthode intuitive ». Elle consiste à montrer d'abord à l'enfant le fait ou l'objet qu'il s'agit d'étudier ; puis on s'élève de ce fait ou de cet objet, mais sans le perdre de vue, à des considérations générales. C'est la méthode intuitive que j'ai employée tout à l'heure, quand, au lieu d'énoncer sous sa forme abstraite la loi qui régit les rapports de l'idée et du mouvement, j'ai commencé par mettre sous vos yeux, en répétant l'expérience du pendule de Chevreul, une application particulière de cette loi. C'est cette méthode qu'emploient nos instituteurs quand, avant de faire apprendre par cœur le texte d'une règle grammaticale, ils lisent à leurs élèves des phrases qui contiennent des exemples de cette règle. C'est encore cette méthode qu'on emploie quand, renonçant à prêcher une morale éloquente mais creuse, on présente aux enfants ou aux jeunes gens des récits de la vie réelle, des faits divers, des statistiques qui montrent les dangers de tel défaut ou de tel vice. A la condition d'éviter un excès toujours fâcheux, à la condition de ne pas détourner l'attention de l'idée en amusant les sens, — ce qui arrive parfois dans les conférences accompagnées de projections lumineuses — cette méthode donnera d'excellents résultats.

Vous le voyez, la tâche de l'éducateur est moins simple qu'on ne pouvait croire. Il ne lui suffit pas de parler pour se faire entendre. Pour avoir accès dans l'esprit d'autrui, nous devons l'assiéger de toutes parts. Nous avons beau dire : « Sésame, ouvre-toi », la formule magique demeure inefficace tant que nous ne l'avons pas traduite en des langues diverses, illustrée d'images vivantes, complétée par des explications. Tant que nous nous en tenons à l'énoncé verbal de notre idée nous n'avons pas le droit de nous irriter des résistances qu'elle rencontre dans l'âme d'autrui. Et nous n'avons pas le droit de l'en punir. C'est à nous qu'il appartient, en évoquant tout un cortège d'images sensibles, de rendre cette idée plus claire, plus riche, plus puissante dans son esprit. Voilà ce que comprenait mal l'éducation autoritaire, fondée sur une étude un peu sommaire de la vie mentale. Et telle est la première des raisons qui justifient, au nom d'une psychologie mieux informée, la pédagogie libérale.

II

Si toute idée est une force, chaque idée est une force d'autant plus puissante qu'elle est moins combattue. Si toute idée tend à produire un mouvement, deux idées contraires tendent à produire deux mouvements opposés, deux mouvements qui s'entre-détruisent, c'est-à-dire un arrêt. Notre expérience du pendule nous en a tout à l'heure donné une preuve. Les observations des psychiâtres nous en fourniraient d'autres : dans certaines maladies mentales, la volonté paraît totalement abolie, l'inertie est absolue, bien qu'aucune lésion n'interdise aux nerfs de commander le mouvement ni aux muscles de l'exécuter. Bien plus : le malade désire agir, mais il n'agit pas. En examinant, pendant le sommeil hypnotique, la conscience d'un tel sujet, on s'aperçoit souvent que son désir d'action est combattu sourdement par un désir d'inertie. A haute voix, le malade déclare : « je veux mouvoir mes muscles ». Mais plus ou moins consciemment, il se dit : « à quoi bon se mouvoir ? » ou : « je ne puis pas mouvoir mes muscles ». Et cette idée contraire à son idée consciente, si peu claire qu'elle soit elle-même, suffit à neutraliser l'autre et à produire l'aboulie. Pour que nous agissions sur la volonté d'autrui, il faut donc que nos idées soient aussi peu que possible combattues dans son esprit; il faut, en tout cas, qu'elles s'imposent avec une netteté beaucoup plus grande que les idées ennemies qu'elles peuvent y rencontrer.

Or, les idées de l'éducateur rencontrent toujours, dans l'esprit de son élève, des idées antagonistes. C'est une fatalité qui dérive des conditions mêmes de toute éducation. Donner à un jeune homme des habitudes nouvelles, c'est introduire dans son être des idées de mouvements, des idées d'actions contraires à celles qu'il a jusqu'alors possédées. Dire à un enfant qu'il doit demeurer immobile et silencieux durant la classe, c'est lui suggérer une idée contre laquelle protestent tous ses instincts de petit animal remuant et bavard. Dire à un homme de vingt ans que son premier devoir est l'obéissance, c'est opposer un obstacle au violent besoin de liberté qui est propre à son âge. Faire l'éducation de quelqu'un, c'est apporter du nouveau dans sa vie ; c'est modifier l'état de ses connaissances et le courant de ses pratiques. Les croyances qui sont au fond de toutes ces nouveautés combattent donc les croyances qui sont au fond des habitudes anciennes. Et réciproquement elles sont combattues par elles. D'où la difficulté de notre tâche : nous ne pourrions complètement réussir que si nous ne rencontrions pas d'obstacles, et nous en semons nous-mêmes sur notre route.

Depuis quelque temps, cette difficulté s'est accrue. Jadis, au temps où l'école et l'armée ne connaissaient que des volontaires, ni les écoliers ni les soldats n'opposaient aux principes de leurs éducateurs des idées franchement hostiles. Par cela même qu'on s'inscrivait dans une école ou qu'on s'engageait dans un régiment, on déclarait accepter ou partager les croyances sur lesquelles reposent ces institutions. Au contraire, depuis que le service scolaire et le service militaire sont obligatoires, des ennemis de l'école et de l'armée, contraints d'y vivre, y introduisent leurs négations. Tandis que, pour faire respecter sûrement la discipline, il serait désirable que sa nécessité ne fût pas même mise en doute, nous sommes tenus de conserver à l'école, — puisque la loi les oblige à la fréquenter, — des enfants turbulents, d'une turbulence parfois anormale et maladive, dont l'exemple vient quotidiennement contredire nos préceptes. De même, tandis que, pour préparer vos soldats à des actions courageuses, vous réchauffez dans leur cœur l'idéal patriotique, cet idéal est combattu jusque dans les casernes, non seulement par les antimilitaristes, mais par les indifférents et les sceptiques, dont la loi a fait des guerriers. Aux difficultés que rencontre tout éducateur, se joignent, pour l'éducateur, et surtout pour l'éducateur militaire de notre temps et de notre pays, des difficultés spéciales et redoutables.

J'ajoute, Messieurs, que, loin de vous aplanir ces difficultés, nous sommes plutôt destinés nous, professeurs, à vous les créer Notre tâche, en effet, diffère de la vôtre au point de lui être, en apparence au moins, opposée. Vous êtes chargés d'entraîner les hommes à l'action et, si vous voulez y réussir, vous devez protéger contre toute contradiction les croyances qui détermineront cette action. Nous sommes chargés, nous, d'éclairer les esprits, d'éveiller le sens critique, de fournir à la volonté les moyens de se décider en connaissance de cause et, par suite, nous devons exposer à nos élèves les théories diverses qui se partagent l'opinion. Vous êtes des meneurs d'hommes ; nous, nous devons empêcher les hommes de se laisser mener. Sans doute, ces expressions exagèrent l'antagonisme de nos missions. Il ne faudrait pas croire, d'abord, que tout professeur soit professeur de scepticisme : si notre devoir est de tout faire connaître, l'antipatriotisme comme le patriotisme, les motifs de l'indiscipline comme ceux de la docilité, notre droit est de choisir. Sans porter atteinte à la liberté de nos élèves, nous pouvons leur indiquer nos préférences. Bien plus, nous devons leur signaler les erreurs et les sophismes que nous croyons apercevoir. Singulière serait la méthode qui, tout en nous obligeant à exciter chez l'élève la réflexion et la critique, nous condamnerait à un simple exposé des doctrines contradictoires, sans nous laisser la liberté d'exercer à leur égard notre réflexion et notre critique. D'autre part, si, pour éveiller l'esprit de nos élèves, nous leur posons des problèmes et leur en montrons les difficultés, nous les invitons à faire un choix parmi les solutions qui peuvent s'offrir. Nous les avertissons que, même s'ils éprouvent quelque embarras à choisir, des nécessités vitales pourront les y contraindre. Loin de leur conseiller le scepticisme ou l'indifférence, nous leur montrons que ces attitudes sont intenables ou irrationnelles. Entre le rôle de l'officier et celui du professeur, l'apparente opposition tient à la distance qui sépare l'âge de l'écolier de l'âge du soldat. Le soldat est un adulte, dont la volonté est

formée, qui, sur les grands problèmes de notre existence, doit avoir au moins provisoirement pris parti.
Pour lui, le débat est clos, au moins jusqu'à la prochaine instance ; il ne lui reste qu'à agir dans le sens du
verdict et c'est à vous qu'il appartient de diriger son action. L'écolier, le jeune étudiant sont des adolescents
dont la volonté est en formation, qui cherchent leur
voie, qui ne sont pas pressés d'agir et qui, avant d'agir,
doivent examiner et discuter. Nous les aidons dans cet
examen. Mais quand l'écolier arrive à l'âge d'homme,
il doit prendre des résolutions viriles : l'éducation que
nous lui avons donnée lui permet de les prendre en
toute liberté, dans la souveraineté de sa conscience ;
elle ne lui interdit pas de les prendre telles qu'il recon-
naisse votre autorité et soumette librement sa volonté à
la vôtre. Le professeur et l'officier ne sont donc pas nécessairement en conflit ; il n'en est pas moins vrai,
avouons-le, qu'en portant la discussion sur les principes
mêmes de nos institutions, le professeur ne facilite pas
la tâche éducatrice de l'officier.

En dépit de tous ces obstacles, il ne vous sera pas
impossible d'accomplir votre mission Vous le pourrez,
si, voulant inculquer à vos hommes une croyance, vous
évitez d'évoquer devant eux la croyance contraire. Et
d'abord, il est nécessaire que vous exposiez vos idées
du ton de la conviction la plus ardente. Toute hésitation,
toute nonchalance sera interprétée par votre auditoire
comme un signe de doute. Or, le doute suggère le doute.
Affirmer une idée sur le mode dubitatif, c'est insinuer
que l'idée contraire a peut-être autant de valeur, et

c'est engager à l'accepter. Des étudiants qui récemment encore étaient au régiment me disent que si l'enseignement anti-alcoolique institué dans ces dernières années n'y produit pas partout des résultats appréciables, c'est que les conférences, faites parfois par des sous-officiers, n'y sont pas toujours débitées d'un ton très convaincu. S'il en est ainsi, mieux vaudrait n'en pas faire : un enseignement donné sans conviction n'est pas seulement inefficace, il est nuisible.

De même, il serait nuisible de faire dans vos entretiens une place trop grande aux idées que vous voulez combattre. En un sens, l'idéal serait qu'au moment d'agir vos soldats n'eussent dans l'esprit qu'une idée, celle de l'action que vous leur ordonnez d'accomplir. Ce serait, si vous leur commandez de s'exposer au danger, que l'image des blessures et de la mort, le souvenir des parents et des amis, toutes les émotions et tous les sophismes que suscite en pareil moment l'instinct de conservation, fussent plongés dans l'oubli, et qu'il ne restât debout, au premier plan de la conscience, qu'une idée : celle de l'acte à exécuter. En vertu des lois qui régissent les rapports du physique et du moral, cet acte, dans ces conditions, s'accomplirait nécessairement. Or, il existe un moyen de réaliser dans la conscience d'autrui ces conditions privilégiées : c'est la suggestion. Quand un médecin ordonne à un sujet hypnotisé de de faire des actes devant lesquels reculerait la volonté réfléchie, — par exemple des actes ridicules ou de pseudocrimes, — pourquoi l'ordre est-il toujours ponctuellement exécuté ? C'est que l'état d'hypnose est précisément un état où la conscience est vide ; par divers procédés, on a fatigué l'attention au point que l'esprit endormi ne pense plus à rien ; dans cet esprit vide, verse-t-on une idée, et une seule ? en vertu de la loi sur laquelle j'ai déjà tant insisté, cette idée doit nécessairement passer à l'acte. Et c'est ce que l'expérience vérifie. Il va sans dire que vous ne pourriez pas hypnotiser tous vos hommes ! Mais si la suggestion est, à l'état de veille, presque aussi puissante qu'à l'état d'hypnose, l'officier n'a-t-il pas le droit de l'utiliser ? Ne pourriez-vous pas, pour entraîner vos soldats à l'action, ne laisser subsister dans leur esprit que l'idée de cette action, taire toute allusion aux idées contraires ? Cette méthode, que les médecins emploient pour ranimer les volontés éteintes, ne pourriez-vous l'employer pour pousser jusqu'à l'héroïsme des volontés robustes ? Gardons-nous d'une équivoque : il y a suggestion et suggestion. La suggestion à laquelle recourent certains médecins consiste parfois à tromper le malade : pour obtenir de lui un effort, on refuse en apparence de croire à son aboulie que pourtant on sait réelle ; on lui affirme qu'il possède tel ressort interne qu'on sait brisé. Il est possible que, dans des circonstances exceptionnelles, vous soyez dans l'obligation de recourir à de semblables ruses. Et je ne sais s'il se rencontrerait un moraliste assez sévère pour condamner un officier qui provoquerait, par leur moyen des actions d'éclat. Pourtant, cette pratique n'est pas sans danger. Elle tue la confiance : la marche forcée qu'on obtient aujourd'hui en trompant sur la distance à parcourir, on ne l'obtiendra pas demain quand la ruse aura été dévoilée. Aussi faut-il préférer à la suggestion trompeuse un procédé plus sincère : celui qu'emploie la psychothérapie contemporaine. Il consiste à chercher toutes les raisons véridiques qui peuvent convaincre le malade de sa prochaine guérison. Sans doute, le médecin qui recourt à cette méthode ne se croit pas tenu de révéler à son client les raisons contraires ; il ne lui dit pas tout ce qu'il sait de son état, mais seulement ce qui lui donne le droit d'espérer. Mais, du moins, ne fait-il pas reposer cette espérance sur un mensonge. De même, ne pouvez-vous pas, lorsque vous recommandez le patriotisme et le courage, ou telle autre vertu, taire les objections qui peut-être vous viennent à l'esprit et insister sur les arguments qui plaident en votre faveur ? énumérer tous les bienfaits de la patrie plutôt que de vous lancer dans une discussion des doctrines qui les nient ? Peut-être trouverez-vous que je vous prêche la dissimulation et la restriction mentale. Mais songez que vos subordonnés connaîtront déjà les idées contraires aux institutions militaires : le livre et le journal, sans compter la conversation des camarades, les leur auront apprises. En les exposant à votre tour, même pour les combattre, vous leur donneriez, dans l'esprit de vos auditeurs, une importance excessive. Vous iriez droit à l'encontre de votre but. Il ne s'agit pas de leur dissimuler des théories qu'ils connaissent. Il s'agit de donner à celles que vous préférez, à celles qui doivent inspirer l'action militaire, une prépondérance indiscutable dans la conscience de vos soldats.

L'opinion que je viens de défendre pourrait revêtir

une autre forme. Une règle de la pédagogie contemporaine nous invite à énoncer nos préceptes en termes positifs plutôt qu'en termes négatifs, à donner des ordres plutôt qu'à formuler des prohibitions, à dire : « Faites ceci » plutôt que : « Ne faites pas cela ». L'expérience prouve, en effet, qu'une défense est beaucoup moins efficace qu'un ordre. A un enfant qui pleure, dites : « Ne pleure pas » et vous aurez de la chance si vous n'entendez pas ses cris redoubler. Mais lavez ses yeux à l'eau tiède en lui faisant remarquer combien ce bain est agréable, et il cessera de pleurer. A quoi tient cette impuissance du précepte négatif ? Est-ce que nous avons pour le fruit défendu un penchant particulier ? L'ancienne pédagogie le croyait volontiers. Et elle attribuait la particularité que je vous signale à la perversité de notre nature, à la malice de notre volonté. Mais encore faudrait-il expliquer cet instinct malicieux. Peut-être l'explication est-elle assez simple. Si, quand on nous défend de commettre une action, nous éprouvons le besoin de l'accomplir, c'est peut-être que l'idée de cette action, malencontreusement énoncée dans la défense, tend, comme toute idée d'action, à se traduire par des mouvements. C'est toujours notre loi générale qui s'applique. Dans la formule de la prohibition, l'idée de l'acte prohibé occupe plus de place que la négation qui l'accompagne : « Ne pleure pas » ou ; « je ne veux pas que tu pleures » ; le mot important, dans ces phrases, c'est le mot « pleurer ». Le prononcer, c'est redoubler dans l'esprit de l'enfant l'idée qu'il faudrait, au contraire, en éliminer. « Ne mettez pas deux *r* à courir », dit un professeur de l'ancienne école. Ce qui demeure vivace dans l'esprit de son élève, c'est la fin de sa phrase : « deux *r* à courir ». Et, à la prochaine occasion, l'élève ne manquera pas de répéter sa faute. La nouvelle pédagogie, au contraire, énoncera le même précepte sous une forme affirmative « Courir prend un seul *r* » et c'est cette idée « un seul *r* » qui, se gravant dans la mémoire, sans être gênée par aucune idée contraire, dirigera correctement la main de l'élève. Vous aurez souvent, dans votre carrière, l'occasion de choisir entre ces méthodes et la tentation de recourir à l'ancienne, car il est beaucoup plus facile d'édicter des prohibitions que de donner des ordres. Mais toutes les fois que vous pourrez comparer leurs résultats, vous apprécierez, j'en suis sûr, la supériorité de la méthode positive.

Or, cette méthode positive est, en même temps que plus efficace, plus libérale que l'autre. Quand on use des prohibitions, il faut avoir à son service, pour les sanctionner, tout un jeu de pénalités. C'est par la crainte du châtiment qu'on a quelque influence sur les volontés. Seule, cette menace peut neutraliser cette tentation d'agir que l'interdiction d'agir a fatalement suscitée. La formule : « défense de faire ceci » est le symbole de la manière forte et du pouvoir autoritaire. Au contraire, quand on sait diriger la volonté d'autrui par des prescriptions positives, on prévient plus qu'on ne punit ; on entraîne plus qu'on ne menace. L'ancienne pédagogie, suggérant sans y voir d'inconvénient l'idée qu'elle voulait combattre, eût été condamnée à l'impuissance si elle n'avait fait appel au bras séculier ; la nouvelle, au contraire, précisément parce qu'elle concentre l'attention sur l'idée qu'elle veut inculquer, peut agir sur la volonté sans l'effrayer par la peur du châtiment. C'est parce qu'elle est plus efficace qu'elle est plus libérale. C'est parce qu'elle est plus scientifique qu'elle est plus efficace. Et tel est le second motif qui nous la fait préférer.

III

Au lieu de rencontrer des ennemis, supposons que les idées de l'éducateur trouvent dans l'esprit de nos disciples des auxiliaires : fortifiées par cette alliance, elles agiront avec plus d'efficacité. Notre devoir est donc de faire appel à ces auxiliaires. Quels sont-ils ?

Un premier procédé, pour renforcer l'idée, c'est la répétition. Enseigner, a-t-on dit, c'est répéter. En réitérant un conseil, nous le gravons davantage dans la mémoire ; il y a d'autant plus de chances pour qu'il soit suivi. L'idée, en ce cas, se crée à elle-même des auxiliaires... en se reproduisant. Toutefois, c'est une méthode dont il est bon de n'user qu'avec discrétion. La monotonie de la répétition finit par lasser l'auditeur ; il n'écoute bientôt que d'une oreille distraite, et les plus sages conseils ne lui inspirent que de l'indifférence et du dégoût.

Un second moyen, semblable au premier, mais plus

efficace, c'est l'exemple. Au lieu de répéter l'énoncé verbal de votre précepte, faites en sorte que votre sujet en ait sous les yeux des applications : l'instinct d'imitation le poussera à l'appliquer à son tour. Au lieu de redire : « fais ceci », montrez-lui des hommes qui le font : et votre idée, tirée sous ses yeux à un grand nombre d'exemplaires vivants, sera d'autant plus forte dans sa conscience. A quel point les hommes agissent comme des moutons de Panurge, un exemple vous le montrera. Le géographe Élie Reclus raconte que, le 4 septembre 1870, sur les boulevards, il songeait aux conséquences du désastre de Sedan et arrivait à cette conclusion : « l'Empire a fait la guerre, qu'il fasse la paix ! », quand il tomba au milieu d'un groupe où un orateur réclamait l'établissement de la république : la foule applaudit ; Élie Reclus fit comme elle Ainsi, voilà un homme instruit, doué de sens critique, qui, en un instant, renonce à une opinion réfléchie pour adopter celle de la foule qui passe. Il a peut-être raison de l'adopter : je ne compare pas en ce moment la valeur des opinions ; elle importe peu à ma thèse. Ce qui nous intéresse, c'est la puissance d'une idée quand elle est répétée par plusieurs bouches, incorporée en plusieurs personnes : puissance assez grande pour détruire en un clin d'œil l'idée contraire d'un esprit cultivé. Si le pouvoir de suggestion de certains meneurs est capable d'entraîner les foules, inversement la foule entraîne les hommes qui, individuellement, seraient tentés de lui résister. Et si, par la fermeté de vos affirmations, vous pouvez jouer le rôle de meneurs intelligents, vous pouvez aussi utiliser la docilité du gros de votre troupe pour imposer votre volonté aux indécis ou aux rebelles qu'elle contient. L'influence que vous exercerez, en spéculant ainsi sur l'instinct d'imitation, ne sera pas, au point de vue moral, des plus relevées ; c'est par une action tout extérieure et mécanique que vous dirigerez la conduite d'autrui. Mais du moins cette action sera-t-elle réelle et efficace.

Vous trouverez encore une aide précieuse dans ces dispositions du cœur humain, qu'on appelle les émotions. Une idée colorée d'émotion passe pour être plus puissante qu'une idée toute sèche. Et l'on vous conseillera souvent de parler à vos soldats, si vous voulez avoir de l'action sur eux, non seulement d'un ton convaincu, mais d'un ton vibrant. Mais entendons-nous. Toute émotion n'est pas capable de vivifier l'idée : il en est, au contraire, qui la tuent. Le plaisir, en général, excite à l'action ; mais la douleur en détourne. Les émotions joyeuses augmentent nos forces. Les physiologistes modernes qui mesurent la fatigue, constatent que leurs sujets peuvent faire des efforts plus grands, plus répétés, plus nombreux, quand on peut, durant l'expérience, en elle-même assez monotone, faire entendre un air de musique agréable et bien rythmé. Aussi bien, n'est-ce pas d'aujourd'hui que la musique sert à entraîner les troupes ; il paraît que Bonaparte, au passage des Alpes, recourait à cet art quand il apercevait des symptômes de fatigue. Et les peuplades les plus sauvages savent quel parti on en peut tirer : si bien qu'on s'est demandé si la musique ne serait pas née des pratiques des guerriers primitifs. En revanche, la musique mélancolique, comme la plupart des formes de la tristesse, arrête l'élan, diminue la force. Même les émotions qui, en elles-mêmes, ne sont ni très gaies ni très tristes, l'attente, par exemple, sont funestes pour la volonté. Beaucoup d'hommes, dans l'attente d'un événement incertain, éprouvent un énervement tel qu'ils accueillent avec un sentiment de soulagement l'événement attendu, même s'il est fâcheux. Bien plus, ils courront au-devant du danger, commettront des imprudences désastreuses pour leur parti, et, en temps de guerre, pour leur armée, plutôt que de se résigner à l'angoisse de l'incertitude. Beaucoup, d'autre part, se trouveront, dans cette situation d'attente, tout disposés à accepter les suggestions les plus déraisonnables. C'est dans les troupes énervées par l'attente que se répandent le plus aisément les peurs contagieuses.

La conséquence pratique de toutes ces observations, c'est d'abord qu'il faut épargner autant que possible à vos troupiers la tension d'esprit qui accompagne l'attente incertaine. En pareil cas, le remède consiste à détourner l'attention de l'événement attendu : on absorbe l'esprit dans une action présente qui l'empêche de penser à l'avenir ; on s'ingénie à lui trouver des occupations assez sérieuses pour réclamer tout son effort actuel ; il conserve ainsi tout son sang-froid pour le moment où se produit l'accident redouté. D'autre part, puisque la joie est salutaire, il est bon de conserver avec les hommes qu'on dirige toute sa bonne humeur, et, sans descendre jusqu'à une gaieté ou une familiarité qui détruirait tout prestige, d'éviter toute maussaderie. L'action modérée, mais continue, nous maintient dans cet état d'équilibre ; de même qu'elle nous arrache à l'inquiétude, elle nous épargne la mélancolie. Un chef actif est rarement grincheux ; et toute collectivité qui travaille est soustraite aux suggestions funestes de l'ennui et de la douleur. Mais, s'il en est ainsi, si la douleur est mauvaise conseillère, la crainte de la douleur, qui est une douleur, ne doit guère mieux valoir que la douleur elle-même. Vous voyez, par suite, que la menace du châtiment, l'arme unique de l'ancienne discipline, n'a peut-être pas toute l'efficacité qu'on lui attribue. Elle agit parfois sur la volonté comme un frein, non comme un fouet. Tout au moins devez-vous accorder qu'elle n'est pas seule efficace et qu'on agit aussi sûrement sur la conduite des hommes par la douceur que par la violence.

A ce moment de mon argumentation, je dois, Messieurs, vous faire un aveu. Dans les circonstances de votre carrière où vous aurez le plus besoin de toute votre autorité sur vos soldats, tous les moyens que je viens de vous signaler vous feront défaut. Ces moyens peuvent nous suffire pour maintenir la discipline dans ces petites collectivités que constituent nos écoles. Nous faisons l'éducation morale des jeunes enfants en leur réitérant d'excellents préceptes ou en proposant aux moins bons l'exemple des meilleurs ; les instituteurs calment l'impatience ou l'ennui en interrompant les exercices scolaires par des « mouvements » ou par des chants. Répétition, imitation, émotion, action, nous recourons utilement à toutes ces méthodes. Elles vous suffisent, à vous aussi, en temps de paix. Peut-être même vous suffisaient-elles, jusqu'à ces dernières années, en temps de guerre. Emporté par l'élan de ses chefs et de ses camarades, le soldat de nature timide devenait brave par contagion. Grisé non seulement par le bruit mais par l'action, il ne songeait pas à avoir peur, il ne songeait qu'à vous suivre. Les conditions nouvelles de la guerre augmenteront, dans des proportions considérables, les difficultés de votre tâche. Désormais, devant l'ennemi, vos hommes seront dispersés, et l'exemple de l'un n'entraînera pas l'autre ; ils seront immobiles, silencieux, victimes toutes prêtes pour les émotions énervantes ou déprimantes. Ajoutez à cela que les dimensions de l'armée croissant plus vite que le taux de la natalité française, le recrutement vous enverra, en proportions plus notables que par le passé, des individus de tempérament sinon malade du moins affaibli, de ceux qui sont prédisposés aux excès de timidité. Tout au moins n'aurez-vous plus, comme au temps des armées de métier, des hommes d'une égale endurance et d'un courage sensiblement égal : tous vos soldats ne seront pas des volontaires ou des professionnels. Pour des raisons très diverses, par conséquent, les procédés collectifs qu'on employait jadis, pour entraîner les hommes, vous échapperont au moment décisif.

Comment les remplacer ? En tenant compte des caractères individuels. En présence des diverses circonstances, chacun de nous a sa façon spéciale de réagir. Par suite, pour imprimer à la conduite d'un homme une direction déterminée, il faut connaître le ressort particulier qui le met en mouvement. De même que, pour obtenir de la lumière, vous employez divers procédés selon que vous avez à allumer une bougie, un bec de gaz ou une lampe électrique, de même vous n'emploierez ni les mêmes gestes ni les mêmes paroles pour obtenir une même action d'individus différents. Un médecin psychologue a l'habitude de classer les hommes en trois groupes suivant le « réactif » qui met en branle leur volonté. Aux uns, dit-il, il suffit d'ordonner : « Fais ceci ». Et ils obéissent Ce sont les caractères dociles, qui ont besoin de direction, qui aiment l'autorité parce qu'elle les dispense de vouloir par eux-mêmes. A d'autres, il faut dire : « Tu peux faire ceci ». Et ils le font. Ce sont, les timides, ceux qui ont de la bonne volonté, mais se défient de leurs propres forces. A d'autres enfin, il faut lancer un défi : « Tu ne le feras pas ! Tu ne pourras pas le faire ? » Et ils ne peuvent s'empêcher de le relever. Ce sont les indociles, les indisciplinés, les hommes doués de l'esprit de contradiction : ce ne sont pas les moins audacieux. Cette classification est incomplète : aux trois groupes qu'elle distingue, il faudrait joindre, par exemple, celui des raisonneurs qui n'agissent volontiers que lorsqu'ils connaissent les motifs de l'action — et nous avons vu qu'en France ils sont nombreux — ; celui des égoïstes, à qui il faut promettre une récompense substantielle ; celui des gens qui ne travaillent que pour l'honneur et celui des gens que la menace seule fait bouger. Encore ma liste n'a-t-elle pas la prétention de ne rien omettre. Une telle liste serait sans fin, puisque les caractères sont aussi nombreux que les individus ;

chacun de nous n'est mis en mouvement que par un « mobile » ou un ensemble de mobiles qui lui est particulier. Il est donc nécessaire que le chef connaisse avec précision le caractère de chaque homme s'il veut, le moment venu, pouvoir presser le ressort qui déclanchera l'action. Le programme qu'il veut réaliser demeurera lettre morte s'il n'obtient pas la collaboration de toutes ces individualités.

Ces remarques nous conduisent à une proposition toute semblable à celles par lesquelles nous avons tout à l'heure clos nos deux premières parties. Les systèmes anciens d'éducation semblaient supposer que tous les hommes sont coulés dans le même moule et que la crainte du châtiment exerce sur tous les caractères la même impulsion. Cette supposition est erronée. Il est tel caractère que la punition révolte, tel autre que la punition stupéfie. Ce n'est pas à dire qu'il faille renoncer à la discipline autoritaire. La conclusion contraire ressort de notre étude : il est tel caractère que seule la crainte de la punition fait marcher droit. Mais à côté de la discipline autoritaire la discipline libérable trouve sa place. Plus souple que l'autre, elle peut mieux s'adapter aux variétés des caractères. Fondée sur une psychologie plus minutieuse, qui sait que la crainte n'est pas l'unique sentiment du cœur humain, elle croit qu'on doit prendre la peine, si l'on veut guider la conduite des hommes, de recourir aux divers mobiles auxquels ils sont sensibles. Elle a, par suite, des chances, tout en étant plus humaine, d'être plus efficace. Et c'est la dernière raison que je me proposais d'invoquer en sa faveur.

*
* *

En définitive, Messieurs, le système d'éducation que recommande la science psychologique, n'est ni exclusivement autoritaire ni exclusivement libéral. Il est à la fois autoritaire et libéral. Il autorise le chef à conserver, comme ultima ratio, le châtiment. Mais il l'invite, en même temps, à employer toutes les autres méthodes que met à sa disposition une étude attentive de la volonté humaine. Il n'interdit ni au professeur ni à l'officier d'être sévère, mais il leur fait un devoir de s'adresser, pour obtenir le résultat qu'ils souhaitent, à toutes les facultés de l'écolier ou du soldat. En nous conseillant de faire des hommes et non des automates, et de les traiter comme des hommes et non comme des brutes, la pédagogie contemporaine exige de nous plus de réflexion et plus d'efforts que l'ancienne. Mais j'espère vous avoir montré qu'on peut avoir confiance en elle puisqu'elle repose sur des vérités psychologiques méthodiquement établies.

Ce n'est pas à dire qu'aucun progrès ne reste à faire. La psychologie est une science toute jeune, et l'art de l'éducation n'est, par suite, qu'à ses débuts. En particulier, l'étude des caractères qui nous serait si indispensable, à vous officiers comme à nous professeurs, est à peine ébauchée. On a écrit des livres sur l'enfant au berceau, sur l'enfant de trois ans ; mais sur les sujets qui nous intéressent, sur l'enfant de dix ans ou sur le jeune homme de vingt, les travaux sérieux font défaut. Pourquoi ne nous mettrions-nous pas à l'œuvre ? Pour charmer les loisirs de vos hivers, pourquoi ne récolteriez-vous pas, sur les caractères de vos troupiers, les modifications qu'ils subissent et les causes présumées de ces modifications, des observations régulières ? Je serais surpris si ce travail ne vous faisait pas faire, dans l'art de gouverner les hommes, partie si importante de l'art militaire, de grands progrès. De notre côté, nous mettrions à votre disposition les renseignements qu'a déjà recueillis, sur des sujets analogues, la science psychologique ; nous vous aiderions à pratiquer les méthodes d'observation qui ont déjà fait leurs preuves. Nul doute que ce travail ne s'accomplisse — suivant une devise gravée au seuil d'une de nos Facultés bordelaises — *pro scientiâ et patriâ*, « pour le plus grand bien de la science et de la patrie ».

III

MÉTHODE DIRECTE, MÉTHODE ACTIVE (1).

Messieurs,

Notre collaboration sera sans doute de longue durée ; pour qu'elle soit féconde, il importe que nous nous entendions sur nos méthodes ; aussi vais-je vous dire quelles sont celles que je préfère et dans quel sens j'aimerais voir s'orienter votre enseignement. Il est vrai que je n'ai pas le choix : mon devoir n'est-il pas de veiller à la stricte application du plan d'études et des programmes de 1902 ? Mais cette charte de notre enseignement secondaire a reçu plusieurs interprétations ; je dois vous dire quelle est la mienne, quelles idées me paraissent essentielles dans les *Instructions* qui nous ont été données depuis dix ans.

(1) Thème d'allocutions prononcées en 1911-1912, dans divers lycées et collèges de l'Académie de Toulouse (Extrait du *Bulletin de l'Université et de l'Académie de Toulouse*, 15 mars 1912).

I

La première de ces idées, c'est, me semble-t-il, que nous devons faire effort pour mettre l'esprit de nos élèves en contact direct avec les choses, pour supprimer tous les intermédiaires abstraits qui, se glissant entre la réalité et l'intelligence, déforment la première aux regards de la seconde. Notre enseignement ne doit être ni verbal ni formel. Si le mot n'avait été trop exclusivement appliqué, et dans un sens un peu spécial, à l'enseignement des langues vivantes, je dirais que notre méthode doit toujours être une méthode directe : et si le mot ne paraissait exclure toute recherche de l'idéal (ce qui est fort loin de ma pensée), je dirais que notre méthode doit être réaliste. Faire saisir immédiatement les phénomènes naturels, faire sentir immédiatement la beauté des œuvres humaines, tel doit être notre principal souci.

C'est dans l'enseignement des sciences de la nature que cette méthode paraît le plus évidemment s'imposer. En pareille matière, l'élève ne sait rien s'il se borne à retenir des formules ; il ne connaît que ce qu'il perçoit par les sens. Encore est-il insuffisant d'émailler les leçons d'expériences auxquelles les jeunes gens assistent en spectateurs amusés ; il faut qu'ils jouent un rôle actif dans la production des phénomènes ; la vérité doit ontrer dans leur esprit par la voie des muscles autant et plus que par les yeux et les oreilles ; il faut qu'ils la fassent pour qu'ils la sachent. Aussi me trouverez-vous favorable à toute mesure destinée à multiplier les manipulations, les travaux pratiques, les excursions scientifiques. les occasions pour vos élèves d'entrer en communion intime et pour ainsi dire en collaboration avec la nature.

Les mêmes méthodes sont recommandées, par les *Instructions* récentes, pour l'enseignement des sciences historiques. Sans doute, le passé est passé, et il est impossible de mettre l'enfant en sa présence ; mais il reste des traces du passé : le professeur doit les recueillir ; sa leçon n'est plus un simple récit : à l'aide de reproductions aussi fidèles que possible, il doit faire revivre sous les yeux des élèves les événements anciens.

Il peut sembler paradoxal d'appliquer ces procédés, ennemis du verbalisme, à la science des mots et à tout l'enseignement littéraire. Mais entendons-nous. Appliquer la méthode directe à la grammaire, c'est dire qu'au lieu de commencer par énoncer *in abstracto* les définitions grammaticales pour les imposer d'autorité à la mémoire des élèves, on empruntera d'abord aux textes classiques des exemples d'où la réflexion des jeunes gens devra tirer les règles. Appliquer la méthode directe à la littérature, c'est dire qu'on n'imposera pas aux élèves des jugements tout faits, qu'on ne leur demandera pas de retenir les opinions des critiques, qu'on ne leur dévidera pas, sous prétexte de faire un cours d'histoire littéraire, un chapelet de noms et de dates, mais qu'on passera la meilleure partie des classes à leur faire lire les œuvres mêmes des grands écrivains. Je suis tout prêt à encourager les initiatives destinées à multiplier les lectures. A la lecture expliquée, qui n'omet aucun commentaire grammatical, historique ou littéraire, il faut, me semble-t-il, non pas substituer, mais joindre la lecture cursive, celle qui fait connaître aux jeunes gens des œuvres entières ou tout au moins d'importants fragments des plus belles œuvres. Certaines études du soir seraient utilement consacrées à ces lectures qui pourraient être dirigées par les professeurs adjoints, sous le contrôle des titulaires. Et pourquoi ceux-ci n'y prendraient-ils aucune part? Lorsqu'il y a dix ans furent fondées les Universités populaires, beaucoup de professeurs réussirent à faire applaudir par des auditoires d'ouvriers nos tragédies et nos comédies classiques. Ce qu'ils ont fait pour les enfants des faubourgs, pourquoi ne le feraient-ils pas pour leurs propres élèves? pourquoi n'aurions-nous pas, le mercredi, le jeudi ou le samedi soir, des séances de lecture à haute voix, de modestes représentations dramatiques qui feraient connaître à nos élèves les principaux chefs-d'œuvre et qui, mieux que le meilleur cours, formeraient leur goût littéraire ?

Vue directe des choses ou, à leur défaut, de leur image la plus fidèle ; lecture directe des ouvrages ; intuition immédiate de la vérité et de la beauté, voilà, me semble-t-il, l'idée directrice que les *Instructions* de 1902-1908 suggèrent à tous les professeurs de l'enseignement secondaire.

II

Quels que soient ses avantages, la méthode directe, réaliste ou intuitive, risque de présenter de graves inconvénients. Elle est, diraient certains philosophes, entachée de sensualisme. Elle fait appel aux sens : n'y a-t-il dans l'esprit que des sensations ? Le jeune homme à qui l'on aura montré des pierres et des coquillages, des gravures et des cartes illustrées saura-t-il découvrir dans ces objets des lois scientifiques ou des principes esthétiques ? Après une leçon d'histoire où le professeur avait fait défiler des images sous les yeux des élèves, comme on demandait à l'un d'eux : « Qu'est-ce qu'un traité ? — Des hommes autour d'une table », répondit-il. N'est-il pas à craindre qu'accablés sous le poids des faits bruts, les esprits ne puissent pas s'élever jusqu'aux idées ?

Oui, la méthode réaliste serait défectueuse si elle n'était doublée d'une autre méthode, également préconisée par les *Instructions* de 1902 : la méthode active. Nous devons bannir tout ce qui engourdit les esprits, rechercher tout ce qui les éveille. Une classe trop longue endort les élèves, dont l'attention ne peut pas se fixer pendant plus d'une heure sur le même sujet. La classe d'une heure elle-même, pour retenir l'attention des jeunes gens, doit être vivement menée, variée et vivante ; elle doit être dense, chaque minute apportant un fait nouveau ou une idée nouvelle, afin que l'enfant ait conscience d'acquérir et de progresser. Toutefois, cette variété même pourrait provoquer la lassitude et la distraction. Aussi le professeur doit-il à tout instant stimuler l'attention. Il peut la stimuler en obligeant ses élèves à faire effort pour chercher la vérité. Exposés trop parfaits, qui ne laissent rien à découvrir, qui satisfont la curiosité avant de l'avoir excitée ; questions posées en termes tels qu'il suffit pour les résoudre d'en remplacer la formule interrogative par un énoncé à l'indicatif ; réponses suggérées avec tant de complaisance qu'on ne laisse plus à l'élève qu'une syllabe à prononcer ; devoirs écrits qui n'exigent que la reproduction d'un manuel ou d'une leçon ; cours *ex cathedra* durant lesquels les élèves, muets, sont moins attentifs aux idées de leur maître qu'aux mouvements de leur plume ou aux rêves de leur imagination : tous ces procédés doivent être abandonnés. Qu'il s'agisse de science ou de littérature, d'histoire ou de philosophie, le professeur doit à tout instant proposer à ses élèves, je ne dis pas des énigmes, mais des problèmes ; toute interrogation, tout devoir écrit doit intéresser l'enfant par le mystère, modeste si l'on veut, mais réel, qu'il lui appartient de déchiffrer ; tout exercice doit l'inviter soit à s'enquérir d'un fait ignoré ou d'une cause inconnue, soit à établir entre des faits ou des idées un rapprochement nouveau Tout exposé magistral doit être ponctué de questions qui forcent l'élève soit à rappeler des faits, soit à invoquer des principes, soit à déduire des conséquences, soit à formuler des appréciations. Le meilleur maître n'est pas l'orateur le plus brillant mais le questionneur le plus habile. La méthode active est, avant tout, interrogative.

Elle est, en outre, collective. La classe ne doit être ni un monologue du maître, ni un dialogue entre le maître et l'un de ses élèves ni même une série de dialogues entre le maître et chacun de ses élèves. Je ne demande pas que tous parlent à la fois. Mais il est possible de tenir tous les esprits en éveil sans mettre en mouvement toutes les langues. L'interrogation peut être collective : on pose la question avant de désigner l'élève chargé de répondre ; on évite de suivre pour cette désignation un ordre trop régulier ; de cette manière chaque élève, exposé à se voir interpellé, écoute attentivement la question et réfléchit ; dans l'interrogation individuelle, au contraire, seul l'élève mis en cause impose un effort à son esprit. La correction des devoirs peut être collective : au lieu d'examiner les copies une à une, au risque de laisser dormir tous ses auditeurs moins un, le professeur cite, sans nommer leurs auteurs, les passages les meilleurs ou, au contraire, les plus défectueux ; il s'en sert pour illustrer ses conseils ; ce procédé pique la curiosité de tous les élèves et chacun profite de la leçon.

Notez que cette méthode, si elle exige de notre part de l'habileté, nous épargne de la peine : nous parlons trop ; nous nous dépensons pour nos élèves sans remarquer que, dans leur intérêt comme dans le nôtre, il vaudrait mieux leur laisser ou leur imposer un rôle plus actif ; dans mainte classe le maître s'exténue, mais les élèves prononcent à peine quelques monosyllabes. En pareil cas, l'esprit des *Instructions* est méconnu, car elles proscrivent tout ce qui entretient chez l'enfant la passivité intellectuelle.

Méthode directe, méthode active, ces deux mots résument, si je la comprends bien, la pensée des réformateurs de 1902. Croire que leur œuvre est caractérisée par l'institution des cycles et des sections, par la suppression du professeur principal et de la classe de deux heures, c'est la juger d'après des apparences tout extérieures. Un pas en avant dans la direction indiquée par nos grands théoriciens de l'éducation, depuis Montaigne jusqu'à Rousseau ; un effort pour éliminer le psittacisme et le dressage intellectuel, pour former des esprits qui réagissent par eux-mêmes en présence des œuvres de la nature et de l'art, voilà ce qui définit, à mon sens, la réforme de 1902. Elle n'est pas parfaite ; plusieurs des mesures prises pour la réaliser me paraissent avoir eu des effets contraires aux intentions de ses auteurs. Mais il n'est pas impossible de remédier à ses défauts. Regrette-t-on la disparition du professeur principal ? pourquoi les professeurs de chaque classe ne déléagueraient-ils pas à l'un d'eux, vice-président de leur conseil, le droit de coordonner leurs efforts et d'exercer sur les élèves une autorité prééminente ? Se plaint-on de l'encombrement des programmes ? On oublie peut-être que, sauf dans les classes d'examens, ces programmes sont, suivant les termes des *Instructions*, des programmes maxima, dans lesquels le professeur peut tailler à sa guise. Et pourquoi une entente entre l'enseignement supérieur et l'enseignement secondaire n'aboutirait-elle pas à réduire les programmes du baccalauréat, dans chaque Académie, comme on vient de « limiter », dans chaque département, les programmes du brevet supérieur ? J'espère que nous pourrons examiner ces problèmes et perfectionner nos méthodes. Et je vous prie de croire que j'accueillerai avec sympathie toutes les initiatives que vous suggéreront à cet égard votre expérience pédagogique et votre dévouement professionnel.

IV

COMMENT FIXER LES CONNAISSANCES DANS L'ESPRIT DE NOS ÉLÈVES ? (1)

A. *Circulaire adressée aux Inspecteurs de l'Académie de Toulouse (22 mars 1912).*

« Nos élèves oublient rapidement ce qu'ils ont appris. Tous les jurys d'examens sont stupéfaits de l'ignorance de nombreux candidats auxquels les bons maîtres n'ont pas manqué. Sans doute, la loi de l'oubli est une loi fatale. Néanmoins, il est néces saire de chercher à en atténuer les effets. C'est pourquoi je désire que, dans tous les Lycées et Collèges, dans toutes les Écoles Normales et Écoles Primaires Supérieures du ressort, les assemblées de professeurs soient appelées à délibérer sur cette question :

« *Comment fixer les connaissances dans l'esprit de nos élèves ?*

« Chaque assemblée pourrait, dans une première séance, nommer une Commission dont le rapport serait ultérieurement discuté. Rapports et procès-verbaux me seront adressés avant le 15 juin.

« Si l'on veut aboutir à des conclusions précises, on fera bien de circonscrire le champ de la discussion : sans chercher si le mal vient de l'étendue des programmes ou des vices de l'emploi du temps (questions que nous retrouverons), nous pourrions

(1) Extrait du *Bulletin de l'Université et de l'Académie de Toulouse*, octobre-décembre 1912.

nous borner à nous demander si nous employons, pour inculquer des connaissances à nos élèves et pour les leur faire conserver, les méthodes les meilleures.

« 1° *Acquisition des connaissances.* — On ne garde que ce qu'on a gagné par un effort joyeux.

« Exigeons-nous de nos élèves des efforts assez intenses et assez répétés ? Certaines de nos méthodes, par réaction contre celles qui réclamaient un effort trop exclusivement machinal, ne vont-elles pas jusqu'à bannir tout effort ? Quelles sont celles qui, sans flatter à l'excès la sensibilité, donnent aux élèves le goût de l'effort intellectuel sans lequel aucune connaissance n'est acquise ?

« 2° *Conservation des connaissances.* — Nous réussissons, en général, à rendre la mémoire de l'enfant plus fidèle, cherchonsnous à la rendre plus tenace ? Nos élèves apprennent leurs leçons pour une échéance fixe et prochaine. Mais l'oubli suit immédiatement l'échéance. Ne pourrions-nous pas modifier nos traditions et donner certaines leçons pour une date indéterminée ou lointaine ? Au lieu de fixer à l'avance l'époque des revisions, ne devrions-nous pas admettre que le professeur peut, à toute heure et à l'improviste, interroger des élèves sur les leçons anciennes ? La mémoire s'habituerait ainsi à garder indéfiniment ce qui lui aurait été confié.

« Ces remarques ne sont destinées ni à délimiter étroitement l'ordre du jour des assemblées de professeurs, ni surtout à leur suggérer des conclusions, mais, tout simplement, à amorcer, s'il en est besoin, les discussions ».

B. *Conclusions de l'enquête.*

A la suite de la circulaire du 22 mars 1912, j'ai reçu cent quatorze mémoires. Le cent quatorzième ne m'a pas paru moins intéressant que le premier : puis-je faire des auteurs un plus vif éloge ? Je voudrais faire connaître toutes les observations délicates, toutes les discussions pénétrantes, toutes les idées ingénieuses que contiennent ces travaux. Mais la tâche serait immense, et, au risque de donner une idée tout à fait insuffisante de l'effort accompli et des résultats obtenus, je dois me borner à résumer et à apprécier brièvement les principales conclusions de cette enquête.

I. — LE PROBLÈME

L'énoncé du problème a suscité quelques critiques. Plusieurs rapporteurs contestent le fait signalé dans la circulaire. Ne calomnions pas nos élèves, disent-ils ; n'exagérons pas leurs oublis. Pour apprécier la solidité des études, il ne faut pas consulter les jurys d'examens : ils sont composés de spécialistes trop exigeants et ils prennent pour ignorance irrémédiable ce qui n'est qu'amnésie passagère, provoquée par un trouble fort explicable. — Mais la plupart des assemblées confessent que les jurys d'examens ne sont pas seuls à se plaindre : d'une année à l'autre, d'un mois au suivant, nous voyons se perdre dans l'oubli maint fait, mainte notion que nos élèves semblaient devoir conserver. Le mal est-il ancien ? Est-il récent ? Peu importe. Il existe.

Est-ce un mal ? s'est-on parfois demandé. Et l'on répond : Bien au contraire, nos élèves n'oublient pas assez. Ils ont trop de mémoire et trop de confiance en leur mémoire ; au lieu de réfléchir, ils apprennent par cœur. En nous priant de chercher à fixer les connaissances dans leur esprit, n'allez-vous pas entretenir ces fâcheuses habitudes ? Ne revenez-vous pas à l'antique pédagogie qui sacrifiait le jugement à la mémoire ? Voulez-vous faire de nos élèves des « appareils enregistreurs » ? — Rien n'est plus loin de ma pensée. J'accorde qu'il faut savoir oublier : l'oubli n'est pas seulement une loi fatale : c'est un facteur important de notre santé intellectuelle. Mais s'il est salutaire d'oublier tout ce qui devient inutile, il ne l'est pas moins de pouvoir évoquer tout ce qui redevient utile ; il est bon de posséder un minimum de connaissances, solidement acquises, toujours prêtes à répondre à l'appel de l'intelligence. La culture du jugement demeure notre principal souci ; mais comment juger, comment saisir un rapport entre des faits, si les faits eux-mêmes ont totalement disparu du champ de la conscience ? Notre idéal n'est pas d'avoir la tête « bien pleine », mais il n'est pas non plus d'avoir la tête vide.

Si trop de têtes demeurent vides, à qui la faute ? Comme j'avais invité les assemblées à faire leur examen de conscience pédagogique, plusieurs en ont induit qu'à mon avis les professeurs sont seuls coupables. Et l'on proteste en rejetant la responsabilité sur les enfants, sur les parents et sur les pouvoirs publics.

On dit : A mesure qu'augmente le nombre de nos élèves, leur qualité moyenne devient plus médiocre. Ils sont « de jour en jour moins intellectuels », de jour en jour moins ardents ; « ils ne manquent pas de mémoire, ils manquent d'énergie ». « La question que vous posez, m'écrit-on, n'est pas une question de pédagogie, c'est une question de morale ». — D'autre part, la paresse des enfants est encouragée par les parents qui excusent volontiers les absences ou les défaillances de leur progéniture ou qui lui ménagent de copieux loisirs : que de soirées se passent au théâtre ou au cinéma ! En général, les internes savent mieux leurs leçons que les externes ; n'est-ce pas une preuve manifeste du relâchement de l'autorité familiale ? Et pourtant les internes ne sont pas surmenés : que de distractions causées à l'intérieur des collèges par la préparation des fendits et la lecture des journaux sportifs ! Partout, le culte de l'effort intellectuel paraît tomber en désuétude.

— Enfin, l'organisation des études est défectueuse : les programmes sont trop chargés, les horaires sont mal conçus. Forcé de parcourir une foule de sujets, le professeur n'a le temps de rien graver dans l'esprit de ses auditeurs. Et ceux-ci, « distraits » chaque jour par cinq ou six enseignements différents, ne peuvent fixer sur aucun leur attention.

Je suis loin de refuser toute valeur à ces considérations, Je n'aurais de réserves à faire que sur le dernier point. Sans doute, les programmes et les horaires doivent être coupables puisque tout le monde les accuse. Mais cette unanimité même m'inquiète. Tout le monde accuse les programmes d'être démesurés, même les professeurs d'écoles normales dont les programmes viennent d'être « limités », même ceux de telles écoles où les programmes sont assez courts pour être étudiés dans les classes du matin, si bien que celles de l'après-midi sont consacrées à la couture, à la gymnastique ou à la musique ! Tout le monde se plaint de la brièveté des classes d'une heure, même tel directeur qui les coupe en deux par un repos de dix minutes ! Tout le monde reproche à l'horaire actuel de disperser l'attention, mais on oublie que le régime antérieur la fatiguait ; et, parce que nos écoliers, spéculant sur le morcellement des classes, refusent de travailler pour M. X, sous prétexte qu'ils se réservent pour M. Y, et réciproquement, on se laisse duper par cette ruse plus vieille que le plan d'études de 1902, et l'on attribue à la classe d'une heure tous les vices !

Mais admettons que le mal soit dû à la paresse des enfants, à la faiblesse des parents, à la maladresse de l'administration. Est-il impossible de réagir ? Nos élèves deviennent de moins en moins « intellectuels », de moins en moins énergiques : est-il impossible de trouver des méthodes de plus en plus efficaces pour secouer leur torpeur intellectuelle et morale ? L'autorité familiale s'affaiblit ; mais il dépend de nous, dans une certaine mesure, de réformer la famille : exigeons des leçons parfaitement sues, les visites au cinéma se feront plus rares. Et prions les internes de réserver pour les récréations et pour les « études libres » la lecture des journaux sportifs et la préparation des lendits. Enfin, si l'organisation des études est défectueuse, il dépend de nous de l'amender : il dépend de nous d'interpréter les programmes de manière à les parcourir sans hâte ; nos programmes sont « élastiques », suivant l'expression de plusieurs rapporteurs ; ce sont des programmes « maxima » : chacun peut faire parmi leurs articles un choix raisonnable.

On voit maintenant pourquoi j'ai conseillé aux assemblées de borner leur étude à la recherche des meilleures méthodes. Quelle que soit, sur notre sujet l'importance des autres questions, celle-ci seule est centrale. A l'inertie croissante des enfants, à l'insouciance croissante des familles, opposons des méthodes éducatives de plus en plus puissantes. Et si l'État nous perd au milieu de la forêt touffue des programmes, traçons des routes dans cette forêt, employons des procédés qui éclaircissent et simplifient. Moins sont satisfaisantes les conditions du travail, plus l'ouvrier doit s'ingénier à perfectionner ses outils.

II. — L'Acquisition des connaissances.

Si nos élèves oublient, disent la plupart des rapporteurs, c'est qu'ils n'ont pas fait un effort suffisant pour apprendre.

Pour leur en donner le goût et l'habitude, tous préconisent l'emploi des *méthodes actives*, de celles, qui, sollicitant la curiosité et l'attention, invitent les jeunes gens à déployer leur maximum d'énergie.

Ces méthodes ne doivent pas être confondues avec les méthodes attrayantes qui bien souvent sont, au contraire, des méthodes passives, car elles endorment, loin de la stimuler, l'activité intellectuelle. Pour avoir énoncé ce principe : « On ne garde que ce qu'on a gagné par un effort joyeux », j'ai été accusé de prôner la théorie de la classe amusante. Je m'en défends. Non, toute classe ne doit pas se résumer dans un éclat de rire ; non, toutes les difficultés ne doivent pas être sup-

primées ou dissimulées sous des plaisanteries. L'effort
est salutaire, et aucun effort n'est, de sa naissance à
son terme, tout uniment joyeux. L'effort joyeux, c'est
l'effort entrepris tout d'abord avec allégresse, c'est
l'effort qui rapporte au bout du compte un plaisir particulièrement savoureux, celui de la difficulté vaincue;
mais, entre ces deux moments, il comporte des luttes et
des peines. L'effort joyeux, c'est l'effort de l'alpiniste
qui part gaiement et qui revient de même, non sans
avoir dans l'intervalle éprouvé des fatigues et couru des
dangers. Ainsi comprise, la théorie de l'effort joyeux
n'a guère rencontré que des partisans. C'est d'elle que
dérivent la plupart des règles qu'on a proposé d'adopter
pour inculquer plus profondément les connaissances
dans les esprits.

Suivons, dans l'énoncé de ces règles, l'ordre naturel
des exercices de la classe.

1° *Préparation de la leçon.* — *La leçon doit être préparée par l'élève avant d'être faite par le professeur.* —
Cette règle doit être appliquée de la manière la plus rigoureuse toutes les fois que la classe est consacrée au
commentaire d'un texte : qu'il s'agisse d'un ouvrage
classique ou d'un manuel scolaire, les élèves doivent
avoir lu et préparé, avant la classe, le passage ou le
chapitre qui sera expliqué. Et le professeur doit contrôler avec soin ce travail de préparation, qu'il soit oral
ou, ce qui vaudra mieux, écrit.

Cette règle admet des exceptions lorsque la classe est
consacrée à un exposé magistral. Il est des cas où, avant
la leçon qui le mettra en présence des objets étudiés,

l'élève ne trouverait dans son livre que des mots : le travail de préparation serait stérile. Il en est d'autres où le professeur agira plus efficacement sur les esprits si, avant sa leçon, ils n'ont pas été initiés au sujet qu'il entend traiter. Mais ces cas sont exceptionnels ; il demeure désirable, en règle générale, que les élèves collaborent à la préparation du cours.

2° *La leçon*. — Des deux systèmes auxquels nous avons fait allusion plus haut (l'exposé magistral ou la lecture expliquée d'un manuel), l'un doit-il être, en tous temps et en tous lieux, préféré à l'autre ? Dans l'enseignement secondaire, à part quelques exceptions, on est plus favorable au cours magistral ; dans l'enseignement primaire supérieur, on marque plus de sympathies pour le manuel. A mon avis, il faut choisir le procédé qui sollicite davantage la curiosité attentive ; ce procédé peut varier suivant la matière enseignée et la valeur des livres utilisables, suivant l'âge des enfants et suivant les dispositions du professeur : le commentaire vivant d'un précis peut être plus profitable qu'un exposé magistral, mais somnolent. J'hésiterais, d'autre part, à imposer aux professeurs (bien que cette prescription revienne fréquemment sous la plume des rapporteurs) l'obligation de calquer le plan de leurs leçons personnelles sur celui des chapitres correspondants du manuel. Sans doute, ce parallélisme du cours et du livre épargnerait aux élèves tout désarroi ; mais à quoi sert le cours du professeur s'il fait double emploi avec le précis, s'il ne présente pas sous une forme plus assimilable la matière contenue dans le livre, s'il ne suggère pas des rapprochements nouveaux, ne crée pas de nouvelles associations d'idées?

Qu'on choisisse un guide ou qu'on vole de ses propres ailes, il faut — de l'avis unanime — donner à la leçon un tour aussi concret, une allure aussi vivante que possible : les méthodes intuitives n'ont guère plus d'adversaires que les méthodes actives. Seuls, quelques mathématiciens craignent, non sans raison, pour la rigueur de leurs raisonnements, l'abus des images sensibles, qui ne sont jamais que des copies imparfaites des notions idéales. Ce même abus présente aussi, dans l'enseignement des sciences expérimentales et de l'histoire, des dangers qui, pour être moins redoutés, n'en sont pas moins redoutables. L'abondance de la documentation concrète peut être pour la mémoire une surcharge et une cause d'oubli. Les images s'estompent plus aisément que les idées ; une multitude d'images se transforme aisément en un chaos. La méthode intuitive est excellente pour donner corps aux idées, pour empêcher l'esprit de s'en tenir aux mots ; mais elle n'a pas toutes les vertus. Il faut faire un choix parmi les objets qu'on présente aux yeux des élèves comme parmi les notions qu'on offre à leur esprit. La leçon doit être une sélection d'images comme elle doit être une sélection d'idées.

3° *Travail des élèves pendant la leçon.* — Les élèves doivent prendre des notes. Les écoliers d'autrefois enregistraient machinalement tous les mots qui tombaient des lèvres du maître, et, sous prétexte de « rédiger » les leçons, perdaient leur temps à recopier leurs notes. Par réaction, on en est venu, dans certaines maisons, à interdire absolument aux élèves de prendre des notes durant les cours. C'est tomber de Charybde en Scylla. Les élèves se muent en auditeurs passifs et ils se privent, pour apprendre, du concours précieux de la mémoire visuelle et de la mémoire motrice. Prendre des notes, ce n'est pas sténographier un cours pour le rédiger *in extenso*. C'est, entre plusieurs idées, choisir (*intelligere*) l'idée principale. Et c'est la faire entrer par les muscles et par l'œil au moment même où elle pénètre par l'oreille ; c'est lui donner une triple assise. On habituera donc les élèves, dès l'âge de douze ou treize ans, à prendre des notes intelligentes. On exigera des cahiers de notes bien tenus, clairement disposés, qui, facilitant les revisions rapides, soulagent la mémoire.

Un bon moyen d'empêcher les jeunes gens de prendre des notes machinales, c'est de les questionner pendant le cours. On tient ainsi l'attention en éveil ; on rappelle les connaissances antérieurement acquises qui servent de base aux acquisitions nouvelles ; on provoque des réflexions sur les relations réciproques des phénomènes, sur les causes et les conséquences des événements. Il ne faut pas croire qu'une telle interrogation soit moins délicate à conduire qu'une belle conférence : elle exige autant de préparation et peut-être plus de souplesse d'esprit.

Enfin, on pourra confier aux élèves les plus âgés le soin de faire certaines leçons. L'usage est ancien, mais il n'est pas toujours heureux. En général, l'exercice ne profite guère qu'à l'orateur. Il n'est défendable que si

l'on prend soin, comme on le fait dans les Ecoles normales, d'imposer à toute la classe la préparation de ces
leçons et de ne désigner l'orateur qu'au moment même
où il doit parler.

4° *Après la leçon. Le résumé.* — La leçon faite, il ne
faut pas craindre d'en résumer les idées principales.
Mais qui doit faire ce résumé ? Le professeur ou l'élève ?
L'élève. Il est indispensable de réserver, à la fin de
chaque classe, quelques minutes à cette opération, et
d'y faire participer plusieurs auditeurs. Il faut que tous,
durant la classe entière, se sachent exposés à cette
épreuve finale, et qu'elle soit, au besoin, sanctionnée.

En outre, une fois rentré à l'étude, l'élève doit composer, d'après ses souvenirs, ses notes et ses lectures,
un résumé de la leçon. Je sais que maint professeur
préfère rédiger lui-même et dicter son résumé : le texte
est plus précis, plus dense, plus correct. Mais cette
méthode a le grave tort, à mes yeux, de dispenser l'élève
d'un effort fécond. N'ayant pas à exécuter le travail de
sélection et de composition qu'exige la rédaction d'un
résumé, l'élève s'imagine qu'il lui suffira, pour savoir,
d'avaler la pilule confectionnée par autrui : il ne
conquiert pas ses connaissances. La leçon et le résumé
lui apparaissent comme deux choses distinctes, sans
rapport l'une avec l'autre : la première est une conférence qu'on écoute d'une oreille distraite, le second un
pensum qu'on griffonne et qu'on apprend par cœur ;
aucun effort intellectuel, un minimum d'effort mnémonique, voilà à quoi se réduit, en pareil cas, le travail de
l'élève. J'irais jusqu'à dire, avec un rapporteur : lors

même que l'élève se bornerait à abréger un chapitre du manuel, son résumé lui serait plus utile que celui du maître : abréger, c'est choisir. Et, avec plusieurs rapporteurs, je bannirais volontiers, même de l'enseignement élémentaire, les manuels qui offrent aux enfants, après chaque leçon, un résumé : c'est les dispenser du travail le plus nécessaire à leurs progrès.

Outre les résumés, des exercices d'application viendront fixer chaque leçon dans l'esprit. Nos rapports se bornent à souhaiter que ces exercices soient aussi nombreux que possible, afin que les souvenirs ne soient pas simplement confiés à la mémoire brute, mais à l'intelligence réfléchie. Rien de plus sage.

III. — Conservation des connaissances

Pour beaucoup de professeurs, une leçon bien comprise est plus qu'à moitié sue : ce que l'on conçoit bien se retient aisément : la vraie mémoire, c'est l'intelligence ; si vous savez faire impression sur les esprits et coordonner logiquement les idées, ne vous préoccupez pas de fixer les souvenirs : ils ne bougeront pas. Mais cet optimiste est peut-être excessif ; plusieurs font remarquer, non sans raison, que, bien au contraire, la clarté même de nos leçons est, indirectement, pour la conservation des souvenirs, une condition défavorable : l'élève qui croit savoir parce qu'il a compris se dispense volontiers d'étudier. Non, les lois de la mémoire ne sont pas nécessairement celles de l'intelligence logique. La mémoire a des conditions organiques contre lesquelles ne prévalent pas les raisonnements les mieux liés. Il faut recourir, pour fixer les connaissances, à des procédés distincts de ceux qui servent à assurer leur acquisition. Notre devise n'est pas : apprendre sans comprendre ; mais elle n'est pas non plus : comprendre sans apprendre.

Comment apprendre ?

1° *L'étude.* — Toute leçon doit être apprise au moins deux fois : le soir du jour où elle a été faite et le matin du jour où elle sera récitée.

La première fois, l'élève doit revoir ses notes, consulter ses livres, réfléchir aux difficultés, rédiger son résumé. Les chefs d'établissements feront bien, en composant l'emploi du temps des études, de réserver une place pour ce travail qui doit se faire à loisir, la plume à la main, sous la direction du professeur adjoint. C'est à ce moment que les professeurs titulaires peuvent pénétrer dans les études pour fournir à leurs élèves des explications et des conseils : plusieurs sollicitent l'autorisation de jouer ce rôle ; mais ils peuvent le jouer sans autorisation : je ne puis que les en remercier.

Un professeur engage, « en riant », ses élèves à se répéter à eux-mêmes, le soir, avant de s'endormir, les listes de faits qu'il faut savoir, mais qu'aucune méthode logique ne réussit à fixer dans l'esprit. Est-ce seulement pour la mémoire machinale que ce conseil est valable ? Les impressions, dans le silence du soir, ont une intensité et une durée toute particulières. Il ne faut pas abuser du procédé, mais pourquoi n'en userait-on pas ?

Le matin du jour où la leçon sera récitée, l'élève doit l'apprendre d'une manière plus alerte, mais non moins attentive. Il ne doit pas pouvoir compter sur les dernières minutes pour procéder à ce travail. Les souvenirs acquis *in extremis* n'auraient aucune durée. C'est un fait que la psychologie contemporaine a bien mis en lumière : l'esprit n'a pas la même attitude en présence d'une idée lorsqu'il sait qu'il pourra la rejeter sans délai et lorsqu'il sait qu'il devra l'assimiler : l'impression est moins profonde dans le premier cas que dans le second, et la ténacité de la mémoire dépend de cette attitude. Voilà pourquoi j'ai invité les chefs d'établissements à supprimer l'étude d'un quart d'heure qui précède souvent la classe du matin. Et, partout où l'on pourra supprimer de même l'étude qui précède la classe de deux heures, en forçant les élèves à apprendre leurs leçons avant midi, j'estime qu'on fera bien d'opérer cette réforme. Il n'est pas indifférent de déposer pendant un quart d'heure ou de déposer pendant deux heures, sur le terrain où il doit se développer, le germe qu'on veut cultiver : laissons-lui le temps de prendre racine (1).

Plusieurs rapporteurs remarquent que les enfants ne savent pas apprendre leurs leçons, et l'un d'eux voudrait que les premières classes de l'année fussent employées à leur enseigner cet art. La suggestion est

(1) A plus forte raison doit-on proscrire l'habitude qu'ont certains maîtres de faire repasser les leçons en classe comme si nos classes étaient trop longues !

intéressante. Mais comment sera 'donné cet enseignement ? Les psychologues discutent encore sur la meilleure manière d'apprendre. Pourtant, les plus récentes expériences semblent bien prouver que, même pour apprendre par cœur, une lecture attentive et intelligente vaut mieux que vingt lectures machinales. C'est donc ce conseil que nous donnerons. Toutefois, il est rare qu'une seule lecture, si attentive soit-elle, puisse suffire. Conseillons donc aux élèves de faire, après chaque lecture, un effort aussi intense que possible pour reconstituer leur leçon sans secours extérieur, et, s'ils échouent, de recommencer jusqu'à plein succès.

2° *L'échéance des leçons.* — Recherchant les moyens de rendre la mémoire plus tenace, je m'étais demandé, à la suite de Binet, s'il n'y aurait pas avantage à laisser dans une certaine indétermination l'échéance des leçons. Cette innovation n'a pas eu grand succès ; on craint qu'elle nuise aux bons élèves et profite aux mauvais : ceux-ci trouveront à leur paresse une excuse facile, les autres demeureront anxieux, l'esprit tendu vers l'avenir incertain : on craint aussi que la régularité des exercices scolaires disparaisse au détriment du bon ordre ; on remarque enfin que souvent la leçon du jour ne saurait être faite sans que soit récitée celle de la veille. Ces objections reposent sur un malentendu : je n'ai jamais souhaité que la récitation à échéance fixe fût supprimée ; j'irais volontiers plus loin : toute leçon, sans exception, doit être apprise pour un jour déterminé. Mais, afin de rendre la mémoire plus tenace, on pourrait placer la récitation tantôt au début, tantôt à la fin de la classe. En outre, après une première récitation, on pourrait avertir les élèves qu'ils seront interrogés de nouveau sur le même sujet à partir de telle date plus ou moins éloignée ; on serait naturellement moins exigeant pour cette seconde épreuve que pour la première ; peut-être même devrait-on éviter de punir les élèves qui, dans ces conditions, ne sauraient rien, mais on récompenserait ceux qui auraient habitué leur mémoire à conserver indéfiniment les souvenirs. Plusieurs professeurs, à qui j'emprunte ces remarques, proposent de tenter l'expérience : je serai très heureux d'en connaitre les résultats.

3° *L'interrogation.* — Nos élèves sont nombreux et les heures sont brèves ; aussi n'avons-nous pas le loisir d'interroger souvent chaque enfant : c'est peut-être l'un des vices principaux de notre régime.

Pour y remédier, il faut donner à l'interrogation de contrôle une allure rapide et réserver pour d'autres moments les explications complémentaires dont la récitation des leçons peut révéler la nécessité ; il faut questionner, tour à tour, un grand nombre d'élèves et faire en sorte que nul ne soit jamais à l'abri de l'interrogation. Certains professeurs tirent au sort le nom des élèves interrogés, de manière à éviter, dans leur désignation, tout ordre régulier : il suffit de corriger le hasard, lorsqu'il épargne trop longtemps les mêmes têtes, pour rendre ce procédé tout à fait recommandable.

D'ailleurs, l'interrogation doit, en quelque sorte, s'adresser à tous les élèves à la fois : tous les livres et cahiers doivent être fermés dès que cet exercice commence : la question doit être posée avant que soit désigné l'élève appelé à répondre, et tous doivent suivre l'interrogation de chacun.

L'*interrogation écrite* satifait aux conditions d'une bonne interrogation de contrôle ; aussi n'est-il pas étonnant que beaucoup d'assemblées en préconisent l'emploi. Il faut cependant, si l'on veut y recourir, prendre quelques précautions : préparer d'avance les questions, afin de ne pas perdre un temps précieux à les chercher pendant la classe, et surtout les choisir assez précises pour que des réponses brèves puissent renseigner sur le travail des élèves ; surveiller très attentivement son public pour éviter les fraudes toujours faciles ; donner, aussitôt après l'exercice, les réponses exactes aux questions posées afin d'empêcher des erreurs de se graver dans la mémoire ; lire après la classe toutes les copies, et leur donner une note. L'opération, en classe, ne doit pas durer plus de vingt minutes ; elle ne doit pas être très fréquente et surtout elle doit se faire à l'improviste, sans périodicité régulière. Si ces conditions sont remplies, l'interrogation écrite rendra de grands services ; il est à souhaiter que cette pratique se généralise.

4° *La récitation.* — Pour donner aux souvenirs plus de stabilité, plusieurs rapporteurs ont émis l'opinion qu'il serait bon de multiplier les exercices de pure mémoire. Mais cette opinion n'est pas partagée par la majorité. On n'est pas non plus d'avis, en général, d'allonger les dimensions habituelles des leçons de textes. Mais on a parfois décrit un procédé qui donne d'excellents résultats : il s'agit de la *leçon libre.*

Au lieu d'imposer aux élèves un texte déterminé, on leur laisse le choix du morceau à apprendre par cœur. On est surpris des prodiges qu'accomplissent alors les plus paresseux. La liberté peut d'ailleurs être limitée : on indique simplement dans quelle période de l'histoire littéraire, ou dans quel auteur ou dans quel ouvrage la leçon devra être choisie. Enfin, il est bien entendu que la leçon libre ne se substitue pas entièrement à la leçon imposée: la liste des textes appris par nos élèves ne manquerait pas de lacunes si elle était livrée à leurs caprices.

A deux reprises, on a insisté, dans l'enquête, sur la nécessité d'exiger des enfants, et même des jeunes gens, une récitation « expressive ». Je sais quelles résistances rencontrent les professeurs lorsqu'ils veulent obtenir ce résultat et quelles plaisanteries accueillent l'élève qui « met le ton ». Mais les raisons invoquées pour engager les maîtres à lutter sur ce point contre les préjugés scolaires sont si fortes que je ne saurais les passer sous silence. « Jouer » une leçon, dit en substance un de nos témoins, c'est l'apprendre. Si les acteurs peuvent emmagasiner dans leur mémoire des textes si étendus, c'est qu'ils ont, pour soutenir leur mémoire, l'action ; débiter une leçon sur un ton monotone, sans avoir l'air de comprendre, c'est réellement ne pas la comprendre, ne pas la « tenir », et c'est par suite s'exposer à ne pas la retenir. Au contraire, le mouvement même de la parole pleinement adaptée à l'idée appelle l'idée ; les mots s'évoquent les uns les autres lorsqu'ils sont pris dans une trame rythmique exactement calquée sur leur trame logique.

En dehors des textes classiques, nos élèves doivent-ils avoir des leçons à réciter par cœur? Beaucoup de professeurs font apprendre de cette manière les définitions, les énoncés de théorèmes ou de lois scientifiques. On peut admettre cette pratique, lorsque ces formules sont établies avec rigueur et lorsqu'elles sont expliquées avec soin. Mais elle présente souvent le grave inconvénient d'amener l'élève — et le professeur — à accorder une importance excessive et une valeur quasi sacrée à des énoncés qui n'ont pourtant rien d'inviolable. Encore si les maîtres et les examinateurs s'entendaient sur ces textes! Mais chacun a le sien, qu'il considère comme impeccable et dont il exige le respect. En tout cas, on ne doit jamais oublier que l'essentiel n'est pas de retenir une formule, même parfaite, mais de conserver l'idée dont elle n'est que le symbole.

Quant aux résumés de leçons, bien que plusieurs rapports recommandent d'en confier la lettre à la mémoire, je ne puis me résoudre à approuver cette habitude. La forme n'a plus, dans ce cas, la valeur qu'elle possède dans un texte classique ou même dans une définition scientifique; elle ne peut pas être proposée à l'admiration et à l'imitation des écoliers. Et ceux-ci se croient dispensés de tout effort intelligent pour apprendre leur leçon quand ils en possèdent par cœur le résumé. J'engage donc les professeurs à abandonner cette pratique, véritable prime au psittacisme.

5° *Leçons de revision*. — La nécessité des revisions est unanimement reconnue. Mais tous les rapporteurs font observer que, pour être utile, cet exercice doit être méthodiquement conduit ; c'est un des points de l'enquête qui ont été étudiés avec l'attention la plus minutieuse.

Tout d'abord, dit-on, les leçons de revision ne doivent pas être la pure et simple réédition du cours. Reviser, ce n'est pas ressasser. Il faut que les idées et les faits soient présentés dans un ordre nouveau. Non seulement par ce moyen on évitera d'émousser la curiosité et de provoquer la satiété, mais on créera, entre ces idées et ces faits, des associations qui en faciliteront la conservation dans la mémoire. La systématisation est une des conditions du souvenir.

Partant de ce principe, plusieurs de nos rapporteurs ont émis une idée fort intéressante : les professeurs des diverses spécialités, disent-ils, devraient s'entendre pour traiter, chacun à son point de vue, chacune des grandes questions de nos programmes. Soit, par exemple, à étudier la Renaissance : pourquoi un historien, un physicien, un philologue ne se chargeraient-ils pas d'en parler tour à tour ? On fixerait ainsi dans la mémoire, en montrant leurs liens, des notions éparses dans divers cours. L'état actuel de nos programmes ne permettrait pas sans doute de réaliser cette idée ingénieuse : lorsque nos élèves étudient la Renaissance, ils n'ont pas encore un acquis scientifique suffisant pour qu'un physicien puisse leur exposer utilement les découvertes de cette époque. Mais, dans la mesure où cette synthèse de connaissances pourrait être effectuée, elle devrait l'être. Et je ne sais si dans ces soirées familiales, dont l'usage tend à se répandre dans nos établissements, les professeurs ne pourraient pas faire à nos plus grands élèves des conférences systématiquement coordonnées sur les plus importants des problèmes qui se posent aujourd'hui devant tout esprit cultivé.

6° *Interrogations de revision.* — Il ne suffit pas que le professeur revoie les matières du cours et en présente la synthèse ; il faut surtout que les élèves rapprennent ce qu'ils ont déjà étudié ; et ce nouveau travail, comme le premier, doit être contrôlé par des interrogations.

A quel moment procéder à ce contrôle ? Les avis se partagent entre le système des revisions *périodiques*, qui permettent de dresser le bilan d'un trimestre ou d'une année, et celui des revisions *systématiques*, qui peuvent avoir lieu dès qu'on a terminé une série de leçons formant un tout. A vrai dire, les deux systèmes présentent des avantages. Le premier est acceptable, à la condition que la revision trimestrielle n'interrompe pas brutalement l'exposé d'une question importante ; le second est excellent, à la condition qu'on ne coupe pas le cours en fractions trop menues : des revisions trop rapprochées sont inefficaces.

Les deux systèmes précédents, celui de la revision systématique comme celui de la revision périodique, excluent également la revision inopinée dont j'avais suggéré l'idée. On admet bien, en général, qu'il est légitime de revenir sur le passé, et, à propos de la leçon du jour, d'évoquer la leçon de la veille, celle du mois précédent ou de l'année écoulée. On pratique d'ailleurs très fréquemment cette méthode. Mais on n'attend rien de bon d'un régime sous lequel le professeur aurait le droit, à tout moment, d'exiger, comme s'il s'agissait d'une leçon récente, la récitation d'une leçon ancienne. Toutefois, plusieurs accepteraient ce régime à la condition de l'amender. L'échéance de l'interrogation de revision ne serait pas complètement indéterminée : on fixerait une date approximative. Plusieurs chefs d'établissements laisseraient volontiers dans une certaine indétermination la date des compositions trimestrielles, qui sont des revisions écrites. Mais, lorsqu'ils proposent cette mesure, ils n'ont pas en vue la culture de la mémoire ; ils souhaitent seulement épargner à leurs élèves le surmenage des jours qui précèdent certaines compositions. Comme cette indétermination aurait, en revanche, de graves inconvénients (par exemple en introduisant dans les compositions scolaires un hasard qui en détruirait l'équité), j'estime qu'il faut renoncer à tenter cette expérience. Mais l'objection tombe s'il s'agit de revisions orales, et les professeurs qui le désirent peuvent mettre en pratique ce procédé.

Il est des exercices qui réunissent tous les avantages de la revision périodique, de la revision systématique, de la revision préparée et de la revision inopinée : ce sont ceux que les élèves appellent des « colles ». Les « colles » reviennent périodiquement, mais, pour chaque échéance, l'élève doit revoir une partie de son programme à laquelle il est possible de donner des contours bien délimités et une unité systématique. Les échéances sont assez espacées pour que le sujet de l'interrogation soit imprévu, et cependant l'interrogateur ne procède pas par surprise ; il ne sort pas des limites convenues.

Pour chaque séance d'interrogation, il est donc nécessaire de conserver assez longtemps une somme assez considérable de connaissances bien assimilées. Le système des « colles » jouit dans les classes préparatoires aux grandes écoles d'un succès très mérité. Je souhaite qu'on puisse l'étendre à toutes les classes préparatoires à des examens.

7° *Exercices de revision.* — De même qu'à chaque leçon, à chaque revision doivent correspondre des exercices d'application. Le plus souvent ces exercices portent sur des leçons récentes ; il faudrait les faire porter aussi sur les leçons les plus anciennes.

De tels exercices, oraux ou écrits, devraient être proposés comme devoirs de vacances. Plusieurs l'on fait observer : le futur régime des grandes vacances risque d'aggraver le mal que nous voulons combattre : après deux mois et demi de repos, que restera-t-il dans l'esprit de nos élèves ? Pour éviter un déchet trop considérable, il serait nécessaire de proposer, pour les journées pluvieuses des vacances, quelques exercices brefs qui permettraient de rappeler les leçons de la précédente année scolaire. Et les premières semaines de l'année nouvelle seraient consacrées à la correction de ces devoirs.

N'est-il pas permis d'espérer que toutes ces précautions, si elles étaient effectivement prises, donneraient aux études une plus grande solidité ? Plusieurs fois apprises, régulièrement récitées, systématiquement revues, les leçons seraient gravées profondément dans la mémoire.

IV. — LES SANCTIONS

Les opinions varient sur la nature des récompenses et des punitions, mais aucun éducateur ne soutient que l'effort ne doit pas être récompensé ou que la paresse ne doit pas être punie. Et l'un des résultats les plus nets de notre enquête, c'est que, pour inviter les élèves au travail fructueux, il est nécessaire d'appliquer avec discernement et fermeté les diverses sanctions scolaires.

1° *Punitions*. — Il ne s'agit pas d'inventer des supplices. Les principes de la discipline libérale, en vigueur depuis 1890, ne sauraient être abandonnés. Mais, ainsi que le remarquent certains rapporteurs, si la discipline doit être paternelle, il n'est nullement nécessaire qu'elle soit maternelle. La discipline libérale proscrit les punitions inintelligentes, elle ne proscrit pas toute punition. Elle interdit de faire copier, et surtout de faire plusieurs fois copier une leçon mal sue ; elle n'interdit pas de la faire réparer. Elle n'interdit pas d'appliquer aux récidivistes des châtiments plus sévères. Les conseils de discipline ne doivent pas réserver leurs foudres aux fautes d'ordre moral et à la rébellion ouverte ; ils doivent se montrer sévères pour que la paresse obstinée, surtout lorsqu'elle s'allie à l'improbité. La fraude en composition, par exemple, ne mérite aucune pitié. L'idéal serait qu'elle fût toujours déjouée, et je rappelle, à ce sujet, que la circulaire rectorale du 8 mars 1906 est toujours en vigueur : le professeur doit interdire à ses élèves d'apporter, le jour de la composition, autre chose que de papier blanc et les dictionnaires indispensables ; il doit exercer, pendant la composition, une surveillance effective. Mais si, malgré sa vigilance, une fraude se produit, le coupable doit être déféré au conseil de discipline. Et je serai toujours disposé à ratifier les peines prononcées contre cette catégorie de délinquants.

2° *Récompenses.* — La suggestion positive est, entre les mains d'un bon éducateur, plus efficace que la répression. Nous devons encourager nos élèves, leur donner confiance en eux-mêmes. Ne pratiquons pas à leur égard l'ironie stérilisante. Aux plus disgraciés, laissons quelque espoir ; ne donnons pas à leur paresse, en disant qu' « ils ne feront jamais rien de bon » l'excuse facile de l'inutilité du travail. Et surtout ne pratiquons pas cette austérité glaciale qui s'interdit de reconnaître le mérite. L'une des récompenses les plus agréables aux enfants et aux jeunes gens, c'est l'approbation de leur maître.

De toutes les récompenses scolaires, c'est la moins discréditée. Il faudrait trouver un moyen de rajeunir les autres, de les adapter aux goûts des élèves. Un chef d'établissement se propose de distribuer, en guise d' « ordre du jour », des cartes illustrées : l'idée est intéressante. La récompense pourrait être appropriée à la nature du travail accompli : la photographie d'une montagne récompenserait une bonne note de géographie ;

celle d'un grand personnage, une bonne note d'histoire, et ainsi du reste.

De même, les « prix » exerceraient peut-être plus d'attrait si l'on établissait un rapport entre la récompense et l'aptitude récompensée : une boîte de compas serait décernée, par exemple, aux mathématiciens les plus distingués, et un atlas aux géographes. Récompenser une aptitude, c'est favoriser son développement ; un « prix » doit être un stimulant.

3° *Classement et examens de passage.* — Il n'est pas inutile, pour entretenir une certaine émulation, d'annoncer qu'on établira, en fin d'année, d'après la moyenne des notes, un classement des élèves. Dans certains établissements, la publication de ce classement supplée à l'absence de toute distribution de prix. Partout il peut servir à déterminer quels sont les élèves qui peuvent passer d'une classe à la classe supérieure. Sur cette question des examens de passage, tout le monde est d'accord : s'ils ne sont pas sérieux, les études ne sauraient être solides. C'est cette unanimité qui m'a décidé à prendre, dès la rentrée d'octobre, quelques mesures pour réagir contre les causes qui tendent à abaisser d'une manière exagérée les barrières qui séparent nos classes. Prévenus de cette sévérité relative, les jeunes gens, il faut l'espérer, se mettront au travail avec plus d'ardeur.

J'ai examiné les principaux problèmes soulevés devant les assemblées de professeurs à l'occasion de la circulaire du 22 mars. Deux principes, si je ne me trompe, inspirent la majorité des rapporteurs : on obtiendra des résultats durables si l'on sait, d'une part, intéresser les jeunes gens, piquer leur curiosité, captiver leur attention, et, de l'autre, maintenir une ferme discipline intellectuelle. La stabilité des connaissances est en fonction de l'effort joyeux, mais aussi de l'effort tenace. Ces principes n'introduisent en pédagogie aucune révolution. Mais il ne s'agissait pas d'instaurer des méthodes nouvelles : on s'est, avec raison, contenté de préciser les conditions, souvent oubliées, dans lesquelles des méthodes connues peuvent donner leur rendement maximum ; on a pris plus nettement conscience des ressources que nous offre la pédagogie actuelle. Et ce résultat, pour être modeste, n'en sera pas moins fécond.

V

LA COMPOSITION FRANÇAISE (1).

A. *Circulaire adressée aux Inspecteurs de l'Académie de Toulouse (9 octobre 1912).*

Qu'il subisse ou non une « crise », l'enseignement du français doit être l'objet de nos préoccupations : il n'en est pas de plus important ni de plus délicat. J'invite les professeurs chargés de cet enseignement à expérimenter cette année les méthodes qu'ils jugeront les plus propres à hâter les progrès de leurs élèves dans l'art d'écrire ; et je leur demanderai, vers le mois de juin, de me communiquer les résultats de leurs expériences. En attendant, je leur soumets les réflexions qui m'ont été suggérées par la lecture d'un certain nombre de compositions françaises remises, en juillet dernier, aux jurys du Bacalauréat et du Brevet supérieur.

1° *Les sujets.* — Les copies les meilleures, au baccalauréat, étaient inspirées par celui des sujets qui laissait aux candidats la plus grande liberté : il fallait choisir, en dehors du programme, un livre lu pendant l'année et en rendre compte. Toutes les compositions faites sur ce sujet n'étaient pas des chefs-d'œuvre, mais c'est dans ce lot qu'on trouve les copies les plus savoureuses. Ne faut-il pas en conclure qu'il ne sera pas mauvais de donner

(1) Extrait du *Bulletin de l'Université et de l'Académie de Toulouse*, novembre 1913 — janvier 1914.

de temps à autre, dans les classes, des sujets de devoirs qui permettent à la spontanéité des jeunes gens de se donner carrière ? Sans les laisser chaque semaine traiter un sujet de leur choix, ne conviendrait-il pas d'introduire, dans l'enseignement de la composition française, un peu de cette liberté dont on use si largement dans l'enseignement du dessin ?

2° *La matière* — Sur un sujet déterminé, la plupart des candidats, au baccalauréat comme au Brevet supérieur, énoncent les mêmes idées.

Sauf dans les compositions franchement mauvaises, ce n'est pas le fond qui manque le plus. Nos élèves ont, en général, quelque chose à dire. Mais ils disent tous la même chose. Cette monotonie n'est-elle pas due à l'un des principes qui gouvernent notre enseignement du français, au principe d'après lequel, les élèves ne pouvant rien inventer, le professeur doit leur indiquer, dans une matière, les principales idées de leur composition ou « préparer » avec eux les sujets qu'il leur propose de traiter ? Je me demande si, tout en conservant cette méthode dans les classes inférieures où elle est nécessaire, nous ne devrions pas accorder aux jeunes gens, à mesure qu'ils avancent en âge, une plus grande initiative. C'est l'un des points sur lesquels je serai heureux, à la fin de l'année scolaire, de recevoir, appuyé sur des expériences précises, l'avis des professeurs compétents.

3° *La Forme.* — C'est par la forme que pèchent la plupart des copies. Des compositions bien notées contiennent d'énormes fautes de composition, de style ou d'orthographe. C'est de ce côté que nous devons tourner notre attention. Les sujets proposés n'étant jamais des énigmes, il est possible, lorsqu'on rend compte d'un devoir, de se contenter, sur le fond, de quelques indications sobres et précises, mais il faut consacrer le meilleur de son temps aux remarques relatives à la forme. Et il ne suffit pas de faire des remarques. C'est une tentation à laquelle nous cédons trop volontiers. Habitués par notre éducation à porter des jugements sur les ouvrages de l'esprit, nous continuons à exercer sur nos élèves notre faculté de juger. Un professeur pourtant n'est pas un juge, c'est un maître ; et un élève n'est pas un auteur, c'est un apprenti. Corriger, ce n'est pas critiquer ; c'est, au sens étymologique, rectifier. Voici donc comment nous procéderons : En lisant les copies nous noterons de traits muets, sur une page ou deux sinon sur toutes, les mots, les phrases, les paragraphes défectueux. L'élève devra refaire ces pages et remettre une copie nouvelle où tout ce qui avait été souligné sera remplacé : il aura dû faire effort pour chercher en quoi consistait la faute et pour la faire disparaître. Ce second travail sera naturellement contrôlé par le professeur tout comme le premier Pour montrer aux élèves comment doit se faire cette correction, nous écrirons au tableau (ou nous ferons écrire pendant le commencement de la classe) des phrases et des paragraphes extraits des copies. Puis nous ferons corriger à haute voix par toute la classe les fautes d'orthographe, les faiblesses, les impropriétés, les solécismes. Le texte choisi pour cette correction publique n'est pas nécessairement mauvais ; s'il est bon, nous cherchons à le rendre meilleur. Notre classe ainsi comprise n'est pas une conférence de critique littéraire, c'est un laboratoire où l'on « fait du français ». Ces méthodes sont déjà appliquées par quelques professeurs ; si tous les employaient, en les adaptant à l'âge de leurs élèves et au programme de leur classe, on ne tarderait pas à constater des progrès dans les compositions du Brevet supérieur et du Baccalauréat.

Je vous serais reconnaissant de faire circuler cette lettre dans les établissements d'enseignement secondaire et primaire supérieur de votre département, afin qu'elle soit portée à la connaissance de tous les professeurs chargés de l'enseignement du français.

B. *Conclusions de l'enquête.*

L'enquête ouverte cette année dans le ressort a suscité, comme celle de l'an dernier, de nombreux et intéressants témoignages. Suivant l'expression d'un des rapporteurs, l'Académie de Toulouse devient une « Association de secours mutuels pédagogiques », une coopérative où chacun met au service de tous les résultats de son expérience et le fruit de ses réflexions.

Il s'agissait, cette fois, de la composition française.
Et l'on a exprimé, sur tous les problèmes que soulève
cet enseignement, un grand nombre d'idées que je voudrais résumer et coordonner.

I. — Préparation indirecte : lectures

De l'avis unanime, les progrès dans l'art d'écrire sup-
posent des progrès dans la culture générale. Toute
leçon scientifique ou historique, en apportant à l'esprit
de nouveaux aliments ; tout exercice littéraire, en l'obligeant à classer et à définir, à associer et à dissocier ses
idées, est une préparation indirecte à la composition
française. La logique elle-même est l'auxiliaire de la
rhétorique : un professeur de seconde habitue ses élèves
à mettre leurs raisonnements sous forme syllogistique,
et il s'en trouve bien (1).

Mais c'est surtout la lecture des classiques qui, en
fournissant aux jeunes gens des modèles de pensée et
d'expression, les dispose à bien écrire. Ils doivent donc
lire les œuvres de nos grands écrivains. En ont-ils le
loisir ? Oui, si l'on sait répartir entre les divers enseignements les trente heures d'études hebdomadaires et
réserver au français la part importante à laquelle il a
droit (2).

Manquent-ils de livres ? qu'on s'ingénie pour enrichir

(1) Lycée de Foix.
(2) Une circulaire du 29 septembre 1913 avait traité cette
question.

leurs bibliothèques. Si les concessions de l'État sont rares et les cotisations d'élèves insuffisantes, qu'on s'adresse aux Associations d'anciens élèves : elles comprendront aisément que, si leurs prix ou leurs médailles font plaisir à quelques jeunes camarades, des dons à la bibliothèque seraient utiles à tous. Mais ce qui importe surtout, si l'on veut inculquer aux enfants le goût de la lecture, c'est de leur en donner l'exemple. Multiplions, dans les études libres qui terminent souvent la journée, les lectures collectives à haute voix. L'expérience, tentée dans plusieurs collèges et écoles du ressort (à Castres, à Figeac, à Moissac, à Luzech, à Condom, à Pamiers, etc.), doit être généralisée. Que la lecture soit faite par le chef de l'établissement, par un professeur, un répétiteur, ou par un élève sous la surveillance des maîtres, elle est, dans tous les cas, profitable. Elle l'est d'autant plus qu'elle est plus expressive : sans jouer les pièces, on aura soin de les « dire ». Et l'on choisira toujours des morceaux de réelle valeur. Au lieu de prendre, pour occuper la soirée, le dernier numéro d'un magazine, qu'on n'hésite pas à lire un acte de Molière ou de Hugo : l'attention des élèves ne fera pas défaut.

Beaucoup de professeurs recommandent de mettre entre les mains des élèves non seulement des « morceaux choisis » mais des œuvres complètes (1). Qu'ils s'habituent à composer eux-mêmes leur anthologie. Au lieu d'exiger d'eux, après leurs lectures, un résumé ou

----

(1) Collège de Lectoure.

un compte rendu, qu'on leur conseille de faire des extraits (1). Si les œuvres qu'ils lisent valent autant par l'expression que par la pensée, il importe qu'ils en respectent le style.

Enfin, s'ils se prennent d'enthousiasme pour certains des morceaux qu'ils auront lus ou copiés, il conviendra de leur donner l'occasion de les apprendre par cœur et de les réciter. Sur ce point, les conclusions de notre enquête actuelle coïncident avec celles de la précédente : les leçons libres sont recommandées pour former le style comme elles l'étaient, l'an dernier, pour cultiver la mémoire (2).

II. — FRÉQUENCE DES EXERCICES.

Les esprits étant ainsi préparés et continuant à se préparer à mesure qu'ils se cultivent davantage, nous allons les prier de s'essayer dans l'art d'écrire. Ces essais seront-ils fréquents ? Oui et non. Les compositions françaises proprement dites ne doivent pas être trop fréquentes. Dans certaines écoles, on en demande deux par semaine : c'est beaucoup trop. Les instructions ministérielles relatives aux classes de 6ᵉ A, de 5ᵉ A et de 1ʳᵉ n'en exigent qu'une par quinzaine : si nous tenons à

(1) Lycée de Cahors ; collège de j. f. de Tarbes ; E. P. S. de Mirepoix.
(2) Lycée Ingres ; collège de Castres.

une élaboration soignée, ce délai n'est pas excessif. Mais, dans l'intervalle, nous imposerions d'autres exercices : tantôt un plan, tantôt le bref développement d'une idée rencontrée au cours d'une classe, le commentaire d'un texte assez court, la traduction d'une page de vieux français, etc. *Nulla dies sine linea* : le vieux précepte est appliqué dans maint établissement du ressort (1) : il est toujours bon.

III. — Sujets de composition

Quels sujets proposer ? On est d'accord pour reconnaître l'importance capitale de cette question. Si nous n'obtenons pas, dans l'enseignement du français, tous les résultats désirables, c'est que nos élèves manifestent à l'égard de l'effort de composition une répugnance quasi-universelle. Et l'on ne pourra triompher de ce sentiment qu'en leur offrant des sujets tels qu'ils puissent espérer réussir à les traiter. Il ne s'agit pas de leur plaire, mais de leur laisser entrevoir la possibilité d'un modeste succès.

C'est pour ce motif — et pour d'autres — que l'on conseille, en général, de choisir les sujets de composition dans l'expérience des élèves. Mais ce conseil, timidement interprété, précipite souvent le professeur dans le péril

(1) Lycée de Foix, E. N. d'institutrices de Toulouse ; E. N. d'Auch ; collège de jeunes filles de Figeac.

qu'il voulait éviter: pour rester dans le domaine de l'expérience puérile, on se condamne et l'on condamne l'enfant à tourner dans un cercle très étroit: on augmente sa répugnance pour un exercice devenu monotone. Sans sortir de l'expérience de l'enfant, on peut heureusement lui proposer d'autres sujets que la description de son porte-plume ou le récit d'une journée de vacances. L'expérience de l'enfant, ce n'est pas seulement le monde limité de la classe ou même de la ville, c'est le monde qui lui est révélé par l'éducation. Et l'éducation a précisément pour but d'élargir son horizon On peut donc choisir pour sujets de composition la description ou l'analyse d'objets placés sous les yeux de l'élève non par son milieu naturel mais par son milieu intellectuel: au lieu de refaire tous les ans la peinture du paysage aperçu de la fenêtre, il devra étudier avec soin telle ou telle plante, tel ou tel animal dont lui aura parlé son professeur d'histoire naturelle; raconter tel ou tel phénomène, telle ou telle expérience dont lui aura parlé son professeur de physique (1) : il cherchera à deviner le plan d'une gravure, d'un tableau mis entre ses mains par son professeur de dessin (2). Enfin, à mesure que se multiplieront ses lectures et que se formera son goût, il sera mieux préparé à traiter des sujets de critique littéraire. Ainsi, grâce à la coordination des divers enseignements et à l'entente des divers professeurs, nous pourrons multiplier progressivement les genres

(1) E. P. S. de filles de Montcuq.
(2) E. N. d'institutrices de Tarbes; E. P. S. de Villefranche-de-Rouergue.

dans lesquels nous demanderons à nos élèves de
s'exercer : description ou narrations empruntées au
monde physique ; récits historiques ; impressions personnelles (en prenant des précautions pour ménager la
discrétion et pour encourager la sincérité) ; problèmes
moraux ; analyses scientifiques, esthétiques, littéraires,
nous pourrons aborder peu à peu tous les sujets sans
dépasser l'expérience des jeunes gens, sans les découra-
ger par le mystère de questions transcendantes.

Un second moyen d'augmenter, pour nos élèves,
l'attrait de la composition française, ce serait, me
semblait-il, de leur laisser une certaine liberté dans le
choix du sujet à traiter. Mon opinion n'a pas recueilli
l'unanimité des suffrages. Aussi dois-je la préciser et
dissiper quelques malentendus. On a cru parfois que,
vantant les sujets « libres », je préconisa's les « sujets
d'imagination ». Je ne voudrais pas dire trop de mal
de l'imagination, qu'on a calomniée, et je verrais
choisir sans regret des sujets destiné. soit à la cultiver,
soit à la discipliner. Mais en parlant de sujets « libres »
j'avoue que je ne songeais pas à favoriser le dérègle-
ment de l'imagination. La question est toute différente.
Je n'avais pas davantage l intention de recommander,
comme on l'a cru, l'habitude prise par certains maitres
de donner le même jour deux ou trois sujets. Que l'on
propose un même sujet sous deux ou trois formes différentes (dissertation, lettre, dialogue), rien de mieux.
Mais ce n'est pas sans raison que les instructions ministérielles condamnent, dans la vie quotidienne de la
classe, une pratique destinée simplement à diminuer

l'aléa des examens. Enfin, je n'ai jamais voulu dire, comme on l'a trop souvent prétendu, qu'une liberté *absolue* devait être, en cette matière, accordée à nos élèves. La circulaire du 9 octobre 1912 demandait timidement s'il ne conviendrait pas d'introduire dans l'enseignement de la composition française « *un peu* de cette liberté dont on use si largement dans l'enseignement du dessin ». Et elle citait comme exemple un sujet qui, tout en traçant aux candidats au baccalauréat un cadre défini, leur octroyait une certaine initiative. L'enquête fournit un grand nombre de sujets analogues souvent plus précis, limitant la liberté de l'élève sans la supprimer (1) : je n'en demande pas davantage.

Je ne demande pas non plus que tous les sujets proposés soient des sujets « libres ». Le sujet imposé doit demeurer la règle ; le sujet libre, l'exception. Autant vaut dire que le professeur doit demeurer le directeur de sa classe et aborder, au moment fixé par lui, les divers articles de son programme, sans être troublé par les choix capricieux de ses élèves. Les plus chauds partisans de la méthode libérale se contentent d'un sujet « libre » par mois : un par trimestre me suffirait. Et je serais même satisfait si l'on réservait les sujets libres, comme c'est l'usage dans un établissement, pour des compositions supplémentaires et facultatives (2).

Nous sommes loin, on le voit, de la liberté absolue,

(1) Lycée Ingres (classe de 6ᵉ) ; lycées d'Albi, de Tarbes : collèges de Figeac, de Condom, de Lectoure : école primaire supérieure de garçons de Mirande.

(2) E. P. S. de Beaumont-de-Lomagne.

Mais la liberté restreinte donne des résultats sur lesquels j'attire l'attention de ses adversaires. Tantôt on constate que « le niveau des devoirs ainsi traités est dans l'ensemble supérieur aux autres (1) », surtout si l'on prend des précautions pour que le choix soit sérieux et sincère. Tantôt on constate que le régime libéral stimule les bons élèves et accélère leurs progrès (2). Tantôt, à l'inverse, on observe que la liberté transforme du tout au tout des élèves médiocres. Plusieurs cas de ces guérisons quasi-miraculeuses sont cités dans l'enquête. Voici d'abord un élève d'École normale qui, pendant deux ans et demi, est considéré comme le plus mauvais de sa promotion. « Il paraissait ignorer la valeur des mots, même usuels, se complaisait aux tours recherchés, aux expressions bizarres. Et chaque correction amenait les mêmes remarques. J'en étais venu, dit son professeur, à le croire imperfectible... A la fin, je lui donnai toute latitude, à peu près comme le médecin qui, voyant le malade condamné, lui passe toutes ses fantaisies et lève les contraintes qu'il avait lui-même prescrites. Ce fut précisément sa guérison. Il me remit d'abord un « Printemps » qui dénotait une réelle sensibilité. Cette recherche et ces formes contournées que j'avais tant combattues devenaient simplement mièvrerie, une certaine préciosité parfois très agréable, un don de la métaphore originale, un sens délicat des rapports subtils que nous nous complaisons souvent à établir ou

(1) E. P. S. de Foix.
(2) Collèges de Pamiers, de Millau : Lycée de jeunes filles de Montauban.

deviner entre les choses, entre la nature et nos sentiments (1). » Et la guérison fut durable. Le cas n'est pas isolé : le même professeur en cite plusieurs dans son école. Et voici, d'autre part, le témoignage d'un professeur de collège : « C'est grâce au sujet libre que B..., de quatrième, a pris du goût pour la composition française et que, de fort médiocre qu'il était, il en est arrivé à faire un élève très honorable. Cet élève, parait-il, commençait par « chercher son sujet » pendant deux ou trois jours ; ce premier effort me parait très profitable. Il se mettait ensuite à l'œuvre et couvrait ses brouillons de ratures. Le but poursuivi était atteint. (2) »

Pour conclure, n'abusons pas de la liberté ; empêchons nos élèves d'en abuser ; mais sachons en user et habituons-les à en user : elle est la mère de l'effort joyeux.

IV. — Préparation directe.

Le titre du devoir une fois donné, le professeur doit-il dicter une « matière » ou un « canevas » pour indiquer aux élèves les principales idées à développer et leur ordre ?

Les avis, sur ce point, sont très partagés. En général, on répond *oui* dans l'enseignement secondaire masculin-

(1) E. N. d'instituteurs de Foix.
(2) Collège de Castres.

lin, *non* dans l'enseignement secondaire féminin et dans l'enseignement primaire supérieur. Contradiction d'autant plus curieuse que les instructions ministérielles sont les mêmes, tout au moins pour les deux branches de l'enseignement secondaire. Que disent ces instructions ? Elles préconisent la « matière» ; mais elles conseillent de la rédiger d'une manière de plus en plus discrète à mesure qu'on passe des classes inférieures aux classes supérieures, si bien qu'en arrivant au terme de ses études l'élève volera de ses propres ailes. Les instructions entendent que nos élèves fassent l'apprentissage de la liberté, mais elles n'exigent pas que leur initiative soit entravée par les mailles étroites d'un canevas où il n'y aurait plus qu'à broder. On est tenté, dans les lycées et collèges de garçons, d'interpréter les instructious ministérielles en insistant sur les restrictions qu'elles apportent à la liberté. Au contraire, les traditions de l'enseignement secondaire féminin et de l'enseignement primaire supérieur font confiance à l'initiative de l'élève. Je serais fâché, je l'avoue, si ces traditions se perdaient. Rappelons, en empruntant l'heureuse formule d'un de nos correspondants, le principe invoqué plus haut : « la composition française n'est pas pour l'élève un mode d'acquisition de connaissances, mais une occasion d'exprimer des idées déjà acquises » (1) ; les sujets sont empruntés à l'expérience des enfants, au milieu qu'ils ont dû observer, aux événements de leur vie et au monde de leurs connaissances scolaires : ils doivent donc possé-

(1) E. P. S. de Saint Geniez d'Olt.

der, sur tout sujet qui leur est proposé, les idées essentielles ; on est en droit d'exiger d'eux l'effort de mémoire et d'adaptation nécessaire pour les rappeler et pour les coordonner ; bien plus : on n'a pas le droit de les dispenser de cet effort. Qu'on leur indique les sources auxquelles ils pourront puiser, les lectures qu'ils devront faire pour rafraîchir leurs souvenirs ou pour les compléter : qu'on leur donne — suivant une méthode fréquemment employée — des « directions » suffisantes pour leur épargner des faux pas, des erreurs d'interprétation, des digressions, des fautes de ton ou des fautes de goût. Mais qu'on ne leur mâche pas la besogne, soit en leur fournissant une « matière » qu'ils n'auraient qu'à délayer, soit en procédant à une « préparation orale » dont ils n'auraient qu'à se remémorer les résultats. Lorsqu'ils sont en quête d'idées, guidons leurs pas, mais sous peine d'enlever à cette chasse tout attrait, laissons-les chercher.

Certains professeurs estiment que la « matière » est surtout indispensable pour enseigner aux enfants sinon l'art d'inventer, du moins l'art de composer. En s'accoutumant à suivre un plan bien tracé, l'élève acquerra l'art d'en construire. A force d'y être contraint, il prendra l'habitude de marcher droit. Je crains que ce raisonnement ne soit faux. Un arbre immobile peut bien pousser droit comme le tuteur mort auquel il est attaché ; un être agissant et pensant montre moins de docilité ; pour contracter une habitude, il doit répéter, de lui-même, l'acte auquel on veut l'accoutumer ; ce n'est pas en s'appuyant sur un bâton qu'il apprendra à se tenir droit ; c'est en traçant des plans qu'il acquerra l'art de les tracer. Au point de vue de la composition comme au point de vue de l'invention des idées, il serait dangereux d'abuser de la « matière ».

Faut-il donc s'abstenir de toute « préparation » et, une fois le sujet dicté, laisser les élèves « se débrouiller » ? Ce serait tomber de Charybde en Scylla. Suivons la voie moyenne que plusieurs rapports nous indiquent. Préparons, avec nos élèves, un sujet de composition ; cherchons avec eux les idées principales ; déterminons leur ordre logique ; appuyons-les d'exemples concrets ; construisons nos développements. Ces exercices de « composition orale (1) » sont excellents. Mais ne demandons pas à nos jeunes collaborateurs de rédiger cette causerie collective. Proposons-leur, comme travail écrit, de traiter un sujet semblable, non pas identique à celui que nous venons de préparer en commun. « Une méthode qui paraît avoir donné de bons résultats en sixième, dit le rapporteur du lycée de Tarbes, est la suivante : on fait étudier aux élèves certains morceaux, en leur faisant remarquer le plan, l'enchaînement des idées, la forme, et on leur propose ensuite comme sujets de composition des exercices similaires, mais dans lesquels l'élève a toujours un effort de pensée à produire. Par exemple, après avoir étudié *Le Corbeau et le Renard*, on pourra donner comme sujet de narration : « le Renard (ou le Corbeau) fait à sa façon le récit de

(1) E. N. d'institutrices de Toulouse.

l'aventure (1) ». Le procédé peut être employé dans toutes les classes où une préparation est utile ; il suffit de l'adapter au genre des sujets et au niveau intellectuel des élèves. Ceux-ci ont à faire un effort de mémoire et un effort d'intelligence ; ils ne se bornent pas à rédiger mécaniquement des souvenirs ; ils les transposent et ils doivent, pour transposer, faire œuvre de réflexion.

En résumé, plus la préparation indirecte aura été longue, plus la préparation directe sera courte. Plus la culture des élèves sera étendue, moins il sera nécessaire de les guider par une « matière » ou par une « préparation » orale. A mesure qu'on passera des classes inférieures aux classes supérieures, on laissera plus de liberté aux jeunes gens dans le choix de leurs idées et de leurs plans. D'abord un canevas et une préparation orale du sujet proposé ; puis de simples « directions » ou la préparation d'un sujet similaire, jusqu'à ce qu'on en vienne à dicter purement et simplement, sans addition ni commentaire, le titre de la composition.

V. — Exécution

Le sujet est dicté : l'enfant va se mettre à l'œuvre. Que faire pour l'aider ? Rien. Si le sujet est bien choisi, adapté aux connaissances et aux aptitudes de la classe, on travaillera de bon cœur. Si les « directions » ont été

(1) Lycée de Tarbes : lycée de jeunes filles et école primaire supérieure de garçons de Toulouse.

judicieuses, on travaillera avec méthode. Cela suffit. Il serait dangereux d'intervenir indiscrètement dans l'exécution du devoir. Contentons-nous de ménager à nos jeunes auteurs un temps suffisant pour leur composition et de nous assurer qu'ils ne l'emploient pas à des occupations plus tentantes.

Est-ce à dire que nous devions fixer l'heure ou la minute à laquelle, dans chaque étude, on prendra la plume pour rédiger la composition française ? Certains chefs d'établissements ne reculent pas devant la rigueur d'un tel règlement. Mais je crains que les résultats ne répondent pas à leurs bonnes intentions. Nous avons tous éprouvé, durant nos années de collège, et nous éprouvons tous, chaque jour, qu'on ne fait pas de bonne besogne à contre-cœur. Si modestes que soient nos travaux, ils réclament, tout comme ceux des poètes, une sorte d'inspiration. Reconnaissons que l'inspiration ne vient pas toujours, chez nos écoliers, à l'heure fixée par l'emploi du temps. Et évitons-leur le supplice d'une tâche accomplie *invitâ Minervâ*. L'une des idées directrices de notre méthode, c'est que la joie doit accompagner l'effort ; si l'élève ne choisit pas son moment, la composition française, devenue travail forcé, ne saurait lui apporter aucune joie.

Bien que la surveillance de l'exécution soit la tâche propre des professeurs adjoints et répétiteurs, il n'est pas interdit aux professeurs de s'intéresser à l'élaboration des devoirs. Les uns font en étude, quelques visites. Les autres, plus nombreux, exigent que, plusieurs jours avant la remise des copies, un brouillon leur soit présenté (1). Ils ont ainsi la preuve qu'on n'attend pas le dernier moment pour bâcler le devoir. Et ils peuvent, à l'occasion, inviter l'élève à rectifier son ébauche, à modifier son plan, à expurger son manuscrit des fautes les plus grossières. D'autres, enfin, réclament le brouillon en même temps que la copie (2), et, si cette pratique est moins efficace que la précédente, elle a du moins un avantage : le maître peut s'assurer de la réalité, de la sincérité et de l'intensité des efforts accomplis.

VI. — CORRECTION COLLECTIVE

Les copies sont remises. Le professeur les emporte et les lit. Il les a lues. Il en rend compte. Comment concevoir ce compte rendu ?

J'ai conseillé de ne pas s'attarder sur le fond. Est-ce à dire que le correcteur doive sacrifier les idées aux mots ? Le conseil serait étrange. Mais rappelons-nous qu'une composition française n'est pas un exercice d'acquisition : c'est un exercice d'application. Les idées étaient familières à nos jeunes écrivains : il s'agissait simplement de les adapter à un sujet nouveau. Sans doute, on pourra les rappeler si elles ont été oubliées, les expliquer si elles ont été mal comprises ; on y insistera d'autant plus que le sujet était plus délicat et qu'il

(1) E. P. S. d'Aubin ; Collège de jeunes filles d'Albi.
(2) E. N. d'Auch ; E. P. S. de garçons de Mirande.

a été moins bien traité. Mais jamais un compte rendu ne doit tourner au cours : jamais il ne doit être la réédition d'une ancienne leçon. Simple évocation de notions jadis enseignées, il aura pour principal mérite la sobriété.

Aussi bien serait-il vain d'opposer le fond à la forme. L'ordre est, semble-t-il, une qualité formelle. On ne peut cependant ni faire un plan sans parler des idées qu'on ordonne, ni analyser devant une classe les idées essentielles d'un sujet sans les classer suivant un ordre rationnel. Il arrive sans doute à maint professeur d'accueillir pêle-mêle toutes les idées qui viennent à l'esprit de ses élèves, puis de chercher à mettre de l'ordre dans ce chaos. Mais cette méthode convient mieux à la préparation d'un devoir éventuel qu'à la correction d'un devoir effectué. Dans ce dernier cas, les élèves n'ont plus à chercher leurs matériaux ; ils les ont trouvés, leur ont assigné un ordre ; le désordre de leurs réponses serait artificiel : chassons cette fiction et ne séparons pas ce qui, dans la correction française, doit être uni : les idées et leur ordre ; en parlant du fond, ne négligeons pas le plan.

Inversement, en nous attachant à rectifier la forme, nous n'oublierons pas les idées. Corriger une expression dans une copie d'élève, c'est en chercher une autre qui corresponde plus exactement à la pensée de l'auteur ; c'est l'amener lui-même à une conscience plus claire ou à une traduction plus colorée de son idée. On l'a souvent répété dans nos rapports : oui, il faut consacrer plus de temps à la correction de la forme qu'à celle du fond ; mais c'est qu'apprendre à écrire, c'est apprendre à penser (1). Le souci de la forme, a-t-on dit, est avant tout scrupule de vérité, symbole de probité intellectuelle : un mot « à peu près » est un mot trompeur ; un mot impropre est un mot faux. A quoi se ramène, en définitive, l'opposition de la forme et du fond ? A ceci : le « fond », ce sont les idées présentées sous leur aspect général : la « forme », ce sont les mêmes idées, mais avec toutes leurs nuances concrètes, sous toutes leurs modalités particulières. S'attarder sur « le fond », dans la correction des copies, c'est perdre du temps à des généralités vagues ; insister sur « la forme », c'est faire effort pour donner à ces généralités un tour précis. Et nous arrivons à ce paradoxe, confirmé par mainte expérience : tel maître qui, pour offrir à sa classe un aliment substantiel, s'étend sur « les idées », ne tarde pas à prononcer des formules vides ; tel autre qui, plus modestement, se contentait d'éplucher des mots, finit par fournir à ses élèves une importante collection d'idées vivantes et bien classées. La valeur des idées générales est en fonction de leur densité : ne les délayons pas.

J'ai conseillé, pour la correction collective de la forme, l'emploi du tableau noir. En lisant les copies, le maître a noté des phrases défectueuses. Il choisit celles

____

(1) E P. S. de Lannemezan ; E. N. d'Institutrices de Cahors.

dont l'étude sera le plus profitable à la classe tout entière, et, le jour de la correction, pendant qu'on récite les leçons, pendant qu'on parle du « fond », il fait copier au tableau, soit par leurs auteurs, soit par un de leurs camarades, les phrases incriminées. Puis tout le monde recherche la faute, tout le monde s'efforce de proposer un amendement. Ces efforts sont-ils heureux ? On efface au plus vite les incorrections, les impropriétés, les inélégances ; on les remplace par un texte meilleur. Cette méthode, dont je ne suis pas l'inventeur, a obtenu un vif succès. La plupart des professeurs qui ont consenti à la mettre à l'épreuve s'en déclarent enchantés. L'essayer, c'est l'adopter.

Pourtant, *a priori*, on lui oppose certaines objections. La plus grave consiste à dire qu'elle est proscrite par les instructions ministérielles : n'est-il pas interdit de mettre sous les yeux des enfants, ne serait-ce qu'un instant et pour leur en montrer l'énormité, des cacographies (1) ? — Ce que proscrivent, non sans raison, les instructions ministérielles, ce sont les devoirs de cacographie, ceux qui consistent à dicter des textes fautifs sur lesquels les élèves, revenus en étude, auront à méditer et à travailler ; ce sont aussi les carnets de

(1) Collège de jeunes filles de Millau ; Petit-Lycée de Toulouse ; E. P. S. de garçons d'Albi ; Lycée de Rodez. — Ces *instructions* recommandent, pour la classe de 3e, « des exercices pratiques de correction au tableau, apprenant surtout à l'élève comment il peut s'y prendre pour travailler un devoir, d'une part, et, de l'autre, pour se corriger lui-même ». Nous n'avons fait qu'étendre à toutes les classes la recommandation.

fautes où les élèves de certaines classes ont l'habitude de collectionner, afin de les éviter, les locutions vicieuses qu'ils sont exposés à employer. Recommandé par d'excellents professeurs, ce procédé est cependant condamnable : il fixe dans la mémoire les formes et les tours qu'il en faudrait bannir. Celui que nous préconisons est tout différent : il consiste à faire effacer, afin qu'on ne les voie plus, ces formes et ces tours, et à les remplacer définitivement par un texte correct. L'œil ne conserve pas l'impression fâcheuse à côté de la bonne ; celle-ci vient se substituer à celle-là ; ayant plus de fraîcheur et de durée, elle a plus de chances de survie. Certains maîtres ont même donné à cette méthode une forme perfectionnée qui doit satisfaire les auteurs de l'objection : pour éviter qu'une faute grossière frappe, ne fût-ce qu'un instant, les regards ils arrêtent l'élève au moment où, copiant sa phrase au tableau, il va rééditer l'erreur de son devoir ; ils attirent son attention sur le mot qu'il va écrire et lui suggèrent ou lui font suggérer par ses camarades, la forme rectifiée (1).

En ce cas, dira-t-on, votre méthode est inutile. La correction orale suffit . au lieu de perdre notre temps à écrire au tableau de mauvaises phrases, bornons-nous, suivant la tradition. à les lire en invitant nos élèves à écouter et à rechercher en chœur les correc-

---

(1) Collège de Saint-Girons : cf. Lycée de jeunes filles de Montauban. C'est pour les fautes d'orthographe que ce procédé est à recommander. Il importe, en effet, qu'elles ne soient pas reproduites au tableau.

tions nécessaires (1). — Cette objection ne peut être faite, dirait un psychologue, que par des « auditifs », par des esprits qui se remémorent aisément les sons et se représentent aisément les choses par les sons. Les professeurs, habitués à écouter sont souvent des « auditifs » : ils peuvent fixer leur attention sur une phrase entendue, même si elle est longue, sans l'avoir sous les yeux. Mais les élèves sont en gén ral des « visuels » : ils ne se remémorent aisément que les choses vues et ne se représentent aisément les choses que par leur forme ou leur couleur. Dès qu'une phrase devient longue, il ne leur suffit pas de l'entendre pour la retenir. Aussi la correction purement orale n'est elle bonne que pour des mots isolés ou de courtes propositions ; s'il s'agit de remettre sur pied une phrase complexe, le tableau devient indispensable (2) ; c'est seulement en voyant la phrase qu'ils apercevront l'incorrection, l'impropriété, l'inélégance. L'audition, dispersant entre divers moments de la durée les éléments d'un texte, n'apporte pas à l'attention vacillante des enfants le secours que lui donne la vue présentant en bloc toutes les données. Quiconque juge inutile la correction au tableau attribue à des esprits en formation les qualités des esprits mûrs, à des enfants de type « visuel » les aptitudes des adultes de type « auditif ». Et cette méprise psychologique n'est pas sans inconvénients pédagogiques : si l'antique méthode de correction purement orale n'a pas donné plus de résultats, malgré la valeur des maîtres

(1) Collège de Millau ; Lycée de Tarbes.
(2) E. P. S. de garçons de Saint-Céré.

qui la maniaient, c'est à cette espèce de malentendu qu'il faut attribuer sa relative stérilité.

Au surplus, l'expérience a décidé. Tous les professeurs qui usent du tableau noir, soit depuis la circulaire du 9 octobre 1912, soit depuis plus longtemps, proclament la supériorité de cette méthode. Tout d'abord, elle intéresse les élèves (1). Très rares sont, à cet égard, les témoignages discordants ; l'avis de la majorité est si net que, lorsqu'un professeur déclare : « la correction au tableau ennuie les élèves », je crains qu'il n'ait pas exactement compris en quoi elle consiste : tant il est facile, en menant l'exercice avec quelque entrain, d'obtenir l'active collaboration de toute une classe. Le texte n'est pas complètement écrit au tableau, remarque un rapporteur, et déjà les doigts se lèvent pour signaler le mot ou le tour vicieux, pour solliciter l'honneur de rectifier. Résultat plus heureux encore : en s'apercevant qu'il est souvent très simple de remettre d'aplomb une phrase boiteuse ou de colorer une phrase terne, les élèves prennent confiance ; ils ne se résigneront plus à écrire les premiers mots venus s'ils savent qu'un léger effort intelligent leur donnera la satisfaction de produire une phrase bien française. Leur donner la preuve de l'efficacité de l'effort, c'est l'avantage principal de cette

---

(1) Collège de Villefranche ; C. S. de Rodez ; E. P. S. de Saint-Geniez-d'Olt ; Collège de Bagnères ; Collège de Vic-Bigorre ; Collège de jeunes filles de Tarbes ; E. P. S. de Lannemezan ; Lycée de Cahors ; E. N. d'instituteurs de Cahors ; Lycée d'Albi ; Collège de jeunes filles d'Albi ; Collège de Gaillac ; Lycée de Foix ; Collège de Condom ; Collège de jeunes filles d'Auch, etc.

méthode (1). Elle permet au maître et à l'élève de collaborer pour transformer une pensée flasque en pensée vigoureuse, une pensée amorphe en pensée cristallisée ; le maître enseigne à l'élève l'art de travailler ; il n'est plus pour lui un simple juge distribuant l'éloge ou le blâme, récompensant d'une lecture solennelle la copie bien écrite et châtiant d'une lecture ironique les barbarismes et les solécismes : il est vraiment un maître, prêchant d'exemple et conduisant la main de l'apprenti. Le tort des anciennes méthodes qui, par ailleurs, ont tant de mérites, c'est d'être trop exclusivement théoriques et critiques : on donne à l'élève des modèles et des avis. Mais le conseil demeure extérieur à l'esprit qui le reçoit, et le modèle, s'il ravit l'intelligence, ne guide pas la plume. Les nouvelles méthodes seront pratiques et positives ; le maître sera sobre de conseils et de jugements, mais il dirigera des exercices. Comme tout art, l'art d'écrire s'acquiert par l'habitude : la correction collective au tableau fournit au professeur l'occasion de surveiller, dès leur naissance, et de diriger dans un sens convenable les habitudes de style prises par ses élèves. Si d'ailleurs on peut créer d'autres occasions, qu'on n'y manque pas. Au lieu de corriger au tableau des phrases rencontrées dans les copies, un professeur consacre une classe par semaine à élaborer au tableau, de concert avec ses élèves, un paragraphe tout entier : rien de mieux (2). Mais tous ne trouveront pas le loisir de se livrer à cet

(1) E. N. d'instituteurs de Rodez ; C. S. de Gaillac.
(2) Lycée de jeunes filles de Toulouse ; Collège de garçons de Figeac.

Intéressant exercice ; tous peuvent, au contraire, réserver quelques minutes, pendant l'heure consacrée au compte rendu des copies, à la correction collective au tableau noir.

Quelques minutes ! s'écriera-t-on. Mais ce sont des heures qu'il faudrait ; rien de plus lent que cette méthode ! On ne pourrait l'employer que si la classe de deux heures était ressuscitée (1) ! — Il est vrai que, pour chaque phrase à corriger, deux ou trois minutes sont nécessaires. Mais est-il besoin de corriger en commun, chaque semaine, plus de trois ou quatre phrases ? Si elles sont bien choisies, ce nombre suffira, dans les classes inférieures, pour amener la disparition des fautes les plus graves et les plus fréquentes, et pour hâter, dans les classes supérieures, l'acquisition de qualités positives. Conduit par un esprit alerte, un tel exercice ne réclame pas, pour produire tous ses fruits, plus de vingt minutes par semaine. Mais je ne verrais aucun inconvénient à lui accorder davantage.

VII. — Correction individuelle.

Précisément parce que la correction collective ne prétend pas atteindre toutes les fautes, la correction individuelle doit la compléter. Par correction individuelle, j'entends non pas le discours que le professeur adresse

(1) Collège de Millau.

à chaque élève pour commenter les notes inscrites sur sa copie : le procédé est fastidieux et inefficace. Par correction individuelle, j'entends celle que chaque élève doit faire sur sa copie d'après les indications de son professeur.

Les conseils que j'ai donnés à ce sujet n'ont obtenu, je le confesse, qu'un accueil réservé. Mais ont-ils été bien interprétés ? « En lisant les copies, écrivais-je, nous noterons de traits muets, sur une page ou deux sinon sur toutes, les mots, les phrases, les paragraphes défectueux. L'élève devra refaire ces pages... » On a souvent cru que je recommandais de souligner toutes les fautes de traits uniformes en laissant aux élèves le soin de découvrir le sens variable de ces signes identiques. Mais « traits muets » ne veut pas dire « traits identiques » ou signes insignifiants. Les muets savent se faire comprendre ! Mieux avisés ont été les professeurs qui ont traduit « traits muets » par « signes conventionnels (1) ». Ils ne perdent pas leur temps à rédiger leurs annotations sous forme de longues phrases ; ils adoptent un code de signaux dont les uns évoquent, par exemple, l'idée d'impropriété et les autres celle d'incorrection. L'élève, guidé par ces signes dont il possède la clef, sait dans quel sens il doit chercher à rectifier son texte. Il n'en a pas moins un effort intelligent à accomplir pour répondre à la suggestion du maître ; il ne se contente plus de jeter un coup d'œil distrait et passif sur des observations dont il se dispense de tenir compte ; il doit refaire, conformé-

(1) Collège de Gaillac ; E. N. de Montauban, etc.

ment aux prescriptions muettes mais formelles de la marge, le passage qu'il a mal fait.

Une autre méprise a consisté à croire que j'exigeais l'emploi exclusif de cette méthode et que je condamnais les élèves à refaire d'un bout à l'autre toutes leurs copies. Travail ennuyeux, me dit on, et qui doit être interdit par la pédagogie de l'effort joyeux (1) ! — Je remercie mes collaborateurs du sort qu'ils ont bien voulu faire à ce mot d'une circulaire précédente. Mais précisément parce que j'ai préconisé l'effort joyeux, il ne pouvait me venir à l'esprit de contraindre les élèves à ruminer sans appétit des plats déjà digérés. Le travail que je conseille de leur proposer ne doit jamais être considéré par eux comme un pensum ; c'est la suite de leur travail d'élaboration Il faut leur faire comprendre que leur copie est perfectible, tout comme l'était leur brouillon, et qu'un léger effort, sous la direction du maître, peut lui donner des qualités appréciables (2). Nous en revenons toujours à notre principe : pour faire un progrès, l'élève doit le désirer et le croire possible. Il le désirera, si l'avantage qu'il entrevoit est supérieur à la peine donc il faudra le payer. Diminuons donc cette peine ; faisons refaire une introduction, un paragraphe, une conclusion ; faisons corriger les fautes en marge d'une page ou deux ; mais n'imposons la réfection totale d'un devoir que si la première édition était trop manifestement négligée. L'élève croira le progrès possible s'il a conscience de l'accomplir : accen-

(1) Collège de jeunes filles de Millau ; Lycée de Toulouse
(2) E P. S de filles de Saint-Céré: ce genre de correction donne confiance aux élèves; E. N. d'institutrices de Rodez.

tuons ce sentiment en constatant par une note le progrès réalisé. Certains professeurs ne mettent un chiffre sur la copie qu'après la correction, par l'élève, des fautes signalées (1) ; d'autres attribuent une note à la copie primitive, mais se réservent le droit de la relever (ou de l'abaisser) après correction (2). Dans les deux cas, on récompense l'effort supplémentaire de l'élève et on lui en révèle les résultats.

Mais pour obtenir ce travail supplémentaire, ne faut-il pas que le maître s'impose, lui aussi, un travail nouveau ? Il corrige deux fois chaque devoir ; il corrige les corrections : n'est-ce pas abusif ? Et ne vaudrait-il pas mieux qu'il pût consacrer ses rares loisirs à sa culture personnelle dont les progrès ne nuisent pas aux enfants (3) ? — Sans doute, il est nécessaire de contrôler le travail exigé des élèves Mais la besogne du maître en est-elle sensiblement accrue ? Posons en principe que la première correction sera plus rapide qu'autrefois : au lieu de remplir les marges de sa prose, le professeur se bornera souvent à donner quelques coups de plume. Le temps ainsi économisé, qu'il le consacre à jeter les yeux sur quelques-unes des copies corrigées par ses élèves. Plusieurs professeurs ont à cœur de les revoir toutes, et nul ne les en blâmera. Mais l'essentiel est que les élèves se sachent soumis à un contrôle ; il suffit donc que leurs corrections soient revues de temps à autre par le professeur adjoint ou

(1) Lycée de Foix.
(2) E P. S. de garçons de Saint-Céré ; Collège de Castelsarrasin ; E. P S de jeunes filles d'Albi.
(3) C. S. de Rodez.

par le professeur titulaire (1). A plus forte raison serait-il inutile de demander une troisième rédaction de certaines phrases ou de certaines pages et de s'amuser à corriger des corrections de corrections (2).

Pourtant, observe-t-on — et c'est la plus spécieuse des objections — la seconde épreuve n'est pas souvent meilleure que la première : il en faudrait donc une troisième ! Les élèves ne savent pas reconnaître leurs fautes ; ils ne savent pas les rectifier ; ils tombent d'un mal dans un autre : la méthode ne produit pas de bons résultats (3). — Ne soyons pas trop impatients : les défauts de style sont, comme tous les défauts, des habitudes ; et les habitudes ne se détruisent pas du premier coup. Ce qui importe, ce n'est pas le résultat immédiat, c'est l'effort, promesse de résultats ultérieurs (4). Or la méthode proposée invite à faire des efforts et à les renouveler. Dans plusieurs Écoles normales (5), on signale l'intérêt que prennent les élèves à cet exercice : ils dis-

(1) E. P. S. de filles de Toulouse ; E. P. S. de garçons d'Albi.
(2) On le fait dans une E. P. S.
(3) Cet avis n'est pas unanime : témoignages contraires, favorables à la méthode, à l'É. P. S. de garçons de Toulouse, à celle de Saint-Geniès-d'Olt, à l'E. P. S de filles de Villefranche-de-Rouergue, au Collège de garçons de Bagnères-de-Bigorre, au Lycée de Cahors, à l'E. P. S. de garçons de Lavaur, au Collège de jeunes filles d'Albi, à l'E P. S. de Castres, au Collège de Lectoure, aux Collège de Pamiers. etc. Au Collège de jeunes filles de Bagnères, on remarque que la perspective de refaire la copie si elle est défectueuse a déterminé les jeunes filles à apporter plus de soin à leur première rédaction.
(4) Cf. Collège de Figeac ; E. P. S. de garçons de Toulouse.
(5) E. N. d'instituteurs de Rodez, de Montauban, de Toulouse.

cutent au besoin l'opportunité d'une correction, défendent leur texte, se concertent pour chercher à l'améliorer : on ne peut croire à la stérilité d'un procédé qui sollicite ainsi la réflexion.

Je demande donc à mes collaborateurs de continuer l'expérience : précisée, cette méthode de correction individuelle donnera, j'espère, des fruits appréciables.

VIII. — Sanctions

Il me resterait à parler de la façon de coter les compositions françaises. Mais j'ai exprimé mon opinion sur ce sujet dans une circulaire récente (1). Sans obliger per-

(1) Voici cette circulaire :

De très nombreux témoignages me prouvent que, si nos élèves négligent la composition française, c'est qu'en cette matière, soit dans les classes, soit aux examens, la sanction d'un travail sérieux ne se distingue pas assez nettement, à leurs yeux, de celle d'un travail relâché. Tandis que les professeurs de sciences usent de toute leur échelle de notes, ne craignent pas de distribuer des zéros, mais sont, en revanche, assez généreux pour accorder des 20, les professeurs de lettres descendent rarement au-dessous de 5, assez rarement au-dessous de 7, ne montent que rarement au-dessus de 15, assez rarement au-dessus de 13. N'avais-je pas ces jours-ci sous les yeux une copie jugée digne du cahier d'honneur, mais indigne de la note 14 : on l'avait cotée 13 et demi ! Résultat : les élèves aiment mieux s'occuper des études où l'effort est récompensé, la négligence punie, que de celles où leur paresse n'a rien de très grave à redouter, leur labeur rien de très heureux à espérer.

Sans doute, l'attitude des professeurs de lettres est dictée par un scrupule fort honorable. Un problème, disent-ils, est bon ou

sonne à renoncer aux notes moyennes, qui sont souvent les notes justes, j'ai conseillé aux professeurs d'user de toute la gamme dont ils disposent : les élèves se ren-

mauvais ; il n'y a pas de milieu, on comprend donc que l'élève récolte 20 s'il réussit, 0 s'il échoue. Mais jamais une composition française n'est tout à fait nulle, jamais elle n'est parfaite ; des notes extrêmes seraient injustes. Ce raisonnement ne serait exact que si les notes extrêmes désignaient la perfection et l'imperfection absolues ; mais elles ne symbolisent que la perfection et l'imperfection relatives. Au baccalauréat (ou au brevet) un juge a le droit d'accorder la note 20 à une copie imparfaite, je le veux bien, mais telle qu'on ne peut pas demander mieux aux candidats. Inversement, il a le droit de donner la note 0 à une copie qui, sans être nulle, n'atteint pas le minimum qu'il est en droit d'exiger. Si, par exemple, un jeune homme ose remettre à l'un de ces examens une composition bourrée de fautes d'orthographe, il mérite la note éliminatoire, c'est à dire le 0. Les notes extrêmes ne représentent pas l'une le néant, l'autre l'infini, mais les limites, différentes pour chaque classe et pour chaque examen, entre lesquelles peut raisonnablement varier la valeur des travaux d'élèves.

Je vous prie donc de faire remarquer aux professeurs de lettres des divers établissements secondaires et primaires supérieurs de votre département qu'un des meilleurs moyens de défendre les études auxquelles ils sont attachés, c'est de s'écarter plus hardiment de la moyenne et d'user plus largement des notes extrêmes. Je les invite à être, soit dans leurs classes, soit dans les commissions d'examens, plus généreux pour les bons élèves et plus sévères pour les mauvais. Une fois leur opinion établie sur une étude attentive de chaque composition, et au besoin confirmée par la lecture du livret scolaire, ils ont le devoir de prendre nettement, par une note significative, la responsabilité de leur jugement. Les proviseurs, principaux, directeurs et directrices communiqueront à leurs élèves les conclusions de cette circulaire : avertis des conséquences que pourra désormais entraîner leur négligence ou leur travail, ces jeunes gens apporteront plus de soin, je l'espère, à leurs compositions littéraires.

dront mieux compte de leurs progrès ; la sanction de leur travail sera plus nette, et ils accorderont plus d'importance à un exercice où la paresse sera plus manifestement punie, l'effort plus manifestement récompensé. Nous retrouvons, en terminant, l'un des principes qui nous ont guidés dès le début : obtenir du travail en montrant que le travail n'est pas vain.

CONCLUSION

Sans abolir les anciennes méthodes, les méthodes préconisées par la circulaire du 9 octobre 1912 et mises à l'essai durant la dernière année scolaire s'inspirent d'une vérité trop souvent méconnue : c'est par l'effort personnel et réitéré qu'on peut apprendre à écrire en français. Trop souvent, nous évitons à nos élèves la peine de rechercher leurs matériaux et leur plan ; trop souvent, nous nous contentons, sous prétexte de corriger leurs devoirs, de leur adresser des discours sur leurs erreurs. Trop souvent, nos classes de composition française sont des leçons d'histoire littéraire ou des leçons de rhétorique théorique. La composition française est cependant un exercice où l'on ne peut passer maître qu'en s'habituant à écrire ; pour pratiquer cet art, il ne suffit ni d'avoir des idées en magasin, ni d'avoir sous les yeux les modèles des maîtres ou les jugements des critiques ; il faut s'entraîner soi-même à inventer, à ordonner et à exprimer des idées. La classe de composition française ne doit comporter que des exercices d'entraînement.

Exercices inutiles, déclarent quelques-uns. L'art d'écrire ne s'apprend pas. On naît écrivain ; on ne le devient pas. La lecture, en augmentant notre culture générale, peut nous donner peu à peu le sens de la phrase française ; notre instinct littéraire peut ainsi s'affiner sans que nous en ayons conscience. Mais aucune méthode ne peut nous fournir ni fournir à nos élèves une recette qui leur permette de bien écrire à volonté. Tous vos procédés pédagogiques sont absurdes : vous enseignez l'art de rapetasser les phrases, mais une phrase ne se répare pas ; elle sort toute faite, bonne ou mauvaise, du cerveau de son auteur. Est-elle bonne ? gardons-la. Est-elle mauvaise ? effaçons-la. N'essayons pas de la corriger (1). — Une fois ou deux, dans notre enquête, cette théorie est esquissée. Elle répond sans doute à la pratique de ceux qui l'énoncent : il est, en effet, des écrivains dont la phrase est, du premier coup, parfaite. Mais nos enfants ne sont pas tous doués de cette forme du génie. Même s'ils ne produisaient qu'au prix de retouches et de ratures des phrases à peu près correctes, ils auraient lieu d'être satisfaits. Nous leur enseignons que tel grand écrivain a refait dix fois telle de ses pages : ils se contenteraient, je suppose, d'écrire aussi péniblement que Pascal (2). Non, nos efforts ne sont pas inutiles. Non, il n'est pas inutile de perfec-

(1) Collège de garçons de Castres ; Collège de jeunes filles de Tarbes.

(2) Lycée de Foix ; cf. Conclusion du Collège de Gaillac.

tionner nos procédés. Nous pouvons obtenir que l'élève s'intéresse davantage au travail de composition, qu'il prenne plaisir à chercher des idées justes et à trouver pour elles un ordre raisonnable et un tour expressif ; nous pouvons l'amener à faire l'effort nécessaire pour préciser ses pensées et rectifier ses phrases. Ne négligeons rien pour y parvenir. Au moment où pour tant de motifs le souci de bien écrire est souvent affaibli, nous serions de grands coupables si nous n'essayion d'adjoindre aux méthodes suivies jadis dans l'enseignement du français des méthodes plus actives et, pour ainsi dire, plus drastiques.

VI

L'ENSEIGNFMFNT DES SCIENCES PHYSIQUES (1)

Chaque réforme de l'enseignement secondaire accroît, dans notre plan d'études, l'importance des sciences physiques. Pourquoi ? C'est que tous les réformateurs ont à cœur d'adapter nos lycées à leur fonction sociale. Or, cette fonction consiste à former l'élite dirigeante, et, dans notre société, cette élite, quel que soit le fondement de son autorité, doit chercher dans la science le moyen d'exercer son action. Qu'au xvii° et au xviii° siècles, lés « humanités » aient, à elles seules, rempli le programme des collèges, on le comprend : ministres, prêtres, généraux, magistrats, quiconque possédait une influence n'avait à manier que des hommes. Mais, aujourd'hui, les sciences de la nature ont tout envahi : il n'est pas de candidat au baccalauréat qui ne sache que l'art de faire la guerre, sur terre et sur mer,

(1) Extrait d'un discours prononcé à la distribution des prix du Lycée de Toulouse le 13 juillet 1913.

implique l'art de résoudre certains problèmes de physique ; nos magistrats sont appelés à trancher, et nos avocats à traiter des questions que leur pose la vapeur ou l'électricité ; et si tel gentilhomme qui dirigeait les postes sous un règne de l'ancien régime revenait au monde, il serait bien surpris de ne pouvoir reprendre sa charge sans passer par l'Ecole polytechnique. Les progrès des sciences physiques ont bouleversé la table des valeurs sociales : pour jouer un rôle dans nos sociétés contemporaines, il ne suffit plus d'être un humaniste ; il faut être un physicien. Chargé de préparer les cadres de notre société, l'enseignement secondaire devait donc développer l'étude des sciences de la nature.

Est-ce à dire qu'on devait allonger les programmes et verser dans la mémoire des enfants tout le contenu de la physique et de la chimie ? Nullement. Nos lycées n'ont pas à fournir aux jeunes gens toutes les connaissances dont ils auront besoin dans leur carrière, mais seulement les instruments intellectuels qui leur permettront d'acquérir ces connaissances. Tandis que l'école primaire, à ses divers degrés, offre à la fois une culture élémentaire et une instruction immédiatement utilisable, l'école secondaire n'a pas pour mission de préparer directement à une profession : elle laisse ce soin aux Facultés et aux écoles techniques, et elle se contente de faire l'éducation du jugement et du raisonnement. Un lycée, c'est une école de culture générale. Sans prétendre au vain luxe de dispenser des connaissances inutiles, nous n'avons pas non plus le dessein de distribuer ici un enseignement utilitaire ; en établissant nos programmes, nous avons donc le droit d'éliminer, parmi les notions que nous présentent les sciences, celles qui, si précieuses qu'elles puissent être, serviraient moins que d'autres à faire de nos élèves des hommes cultivés.

« Et surtout nous avons le devoir d'employer, pour inculquer ces notions, les méthodes les plus propres à solliciter l'activité intellectuelle. Il faut bien avouer qu'à cet égard nous avions des progrès à accomplir. Précisément parce que les fondateurs de nos traditions universitaires n'accordaient aux sciences qu'une importance médiocre, l'enseignement scientifique n'a pas toujours possédé les méthodes qui lui convenaient. On paraît avoir, pendant longtemps, transporté dans les classes de sciences des procédés qui, pour avoir fait leurs preuves dans les classes de littérature ou d'histoire, n'en étaient pas mieux adaptés à l'objet de la physique ou de la chimie. Parce que l'enseignement littéraire use naturellement du livre et l'enseignement historique du cours, on a cru longtemps que l'enseignement scientifique devait être, lui aussi, livresque et oratoire. Or, les mêmes procédés, appliqués à des disciplines différentes, peuvent créer dans les esprits des habitudes opposées. En littérature, le livre est bienfaisant : il donne aux enfants l'occasion d'analyser, de définir, de classer leurs idées ; il les habitue à observer et à juger par eux-mêmes l'objet qu'ils étudient : l'œuvre d'un grand écrivain. En matière scientifique, au contraire, l'usage exclusif du livre habituerait les élèves à ne pas observer,

à ne pas juger par eux-mêmes, à ne voir les phénomènes naturels qu'à travers le voile d'une description,
à ne raisonner sur les faits que par l'intermédiaire d'un
auteur. En histoire, le récit est indispensable : le passé
n'étant pas directement saisissable, l'éloquence du professeur doit le faire revivre devant les élèves ; à défaut
du spectacle des faits, ils ont du moins la déposition de
leur maître, représentant vivant des témoins disparus.
Mais pourquoi employer cette méthode dans les sciences
physiques ? La matière n'est pas fugitive comme la
durée. Elle est tangible et saisissable. Pour la faire connaître, il ne suffit donc pas d'en parler : il faut la faire
toucher, la faire saisir ; il faut que l'enfant exerce directement sur elle ses facultés d'observation et de réflexion.
Conçoit-on un professeur de littérature qui parlerait à
ses élèves de La Fontaine, leur conseillerait de lire sur
notre grand fabuliste le livre d'un critique, mais oublie-
rait de mettre entre leurs mains ses fables ? Tout aussi
étrange était la méthode des physiciens qui, interpré-
tant mal celle des humanistes, donnaient au livre et au
cours une place prépondérante dans leurs classes et qui,
s'ils illustraient parfois leurs leçons d'expériences dont
les élèves demeuraient les simples spectateurs, ne les
invitaient jamais à mettre la main à la pâte. Les
réformes récentes, au contraire, ont multiplié les manipulations, exercices excellents qui mettent en jeu tour
à tour les principales fonctions intellectuelles : les sens,
la mémoire, l'initiative, la prévision, le raisonnement ;
exercices éminemment propres à faire l'éducation des
esprits.

J'irais volontiers plus loin que les réformateurs de 1902. Les manipulations, sous le régime actuel, sont postérieures au cours ; ce sont des expériences de vérification. L'élève refait une expérience qu'il a vu faire. Il en connaît d'avance les péripéties et le dénouement. Elle ne sert qu'à fixer dans sa mémoire, en passant par ses muscles, une connaissance que ses yeux et ses oreilles lui ont déjà fait acquérir. Elle est, certes, fort utile. Pourtant, elle ne pique guère sa curiosité, elle ne lui donne pas la féconde illusion de la découverte. Je souhaiterais qu'il fût possible de procéder autrement : on commencerait par mettre entre les mains des élèves des substances et des instruments ; tout en dirigeant leurs opérations, on les laisserait travailler ; on les inviterait à observer la succession des phénomènes et à vérifier leurs propres prévisions. Puis, viendrait la leçon qui synthétiserait les faits, dégagerait les lois. Enfin, on poserait des problèmes. Non seulement toutes les facultés intellectuelles seraient exercées, mais elles le seraient dans l'ordre le plus favorable à leurs progrès : l'observation active, excitée la première, se déploierait sans être gênée par des souvenirs trop récents qui risquent d'en gâter le plaisir ; l'induction du fait à la cause suivrait, à l'heure où l'esprit possède toutes les données qui la rendent possible ; enfin, les exercices de déduction et d'application solliciteraient à la fois le goût de l'inférence logique et l'ingéniosité inventive. Je demeure convaincu de la nécessité du cours et de son importance, mais je crois qu'il serait bon, dans nos classes de sciences, de donner la première place à l'expérience.

Je réclamerais aussi pour elle une place au baccalauréat. Tant qu'ils ne verront pas, à cet examen, figurer des manipulations, nos élèves apprendront leur cours sans se donner une peine suffisante pour le comprendre. Je voudrais qu'au lieu de les prier de réciter les propriétés du soufre ou du phosphore, on pût mettre entre leurs mains un morceau de matière et leur dire : « faites les expériences qui vous révèleront les propriétés de ce corps. » L'examen serait plus long, mais il serait plus sérieux. Là, pas de fraude possible ; pas d'illusions créées dans l'esprit de l'examinateur par la mémoire trop fidèle du candidat. Mais des connaissances assez sûres, assez bien assimilées pour être prêtes à apparaître au premier appel de l'intelligence. Il y a deux manières de savoir ce qu'un candidat pense de Corneille La première consiste à lui poser la question : « Que pensez-vous de Corneille ? » Elle est mauvaise, car l'élève, au lieu de dire ce qu'il pense, récite l'opinion d'un tiers. La seconde consiste à lui dire : « Expliquez ces vers de Corneille. » Elle est bonne, car elle oblige l'élève à faire, à propos de chaque mot, un effort combiné de mémoire active et d'intelligence avisée. Il y a, de même, deux manières d'interroger en physique. Et la bonne, à mon avis, serait celle qui exigerait du candidat la préparation et la discussion d'une expérience.

Il ne suffit pas, cependant, de faire des expériences : tels élèves, très attentifs à la cuisine du laboratoire, en discernent mal les produits ; il serait nécessaire de les amener à réfléchir longuement, et par écrit, sur les enseignements qu'ils peuvent tirer de l'expérience. Les le çons scientifiques pourraient fournir la matière de nombreuses dissertations où les jeunes gens s'entraîneraient, comme dans leurs dissertations littéraires, à l'art d'ordonner logiquement et d'exprimer correctement leurs idées. Le professeur de physique peut devenir le collaborateur du professeur de français. Généralisons. Ce n'est pas seulement au professeur de physique, c'est à son collège d'histoire naturelle que nous conseillons de tenir les élèves en contact direct avec la réalité. Ce n'est pas seulement l'expérience de laboratoire que nous encourageons, c'est aussi l'excursion géologique, botanique, zoologique ; c'est la constitution de collections de fossiles, de plantes et d'animaux qui permettront aux élèves d'observer ailleurs que dans leurs livres les objets et les êtres naturels. Dès lors, pourquoi ne seraient-ils pas appelés à dépeindre ces objets et ces êtres ? Pourquoi, lorsque le professeur de botanique aurait étudié la renoncule, le professeur de français, dans les classes de 5°, n'en proposerait-il pas la description ? Nous avons renoncé à faire disserter les enfants de douze ans sur les mérites des grands écrivains. Nous avons remplacé, dans les classes inférieures, les compositions littéraires par des scènes de la vie enfantine. Nous risquons même de fatiguer nos élèves en les priant de répéter, de classe en classe, quel est leur jeu favori ou quel sera l'emploi de leurs vacances. Nous pourrions donner à l'enseignement du français plus de variété si, au retour de chaque promenade, nous demandions à nos élèves, non pas le procès-verbal de l'excursion, mais l'analyse précise d'une feuille ou d'une fleur, d'un insecte ou d'une four

milière. Et je suis sûr que les enfants s'appliqueraient
de tout cœur à un travail qui a toujours séduit la curiosité humaine. Je suis sûr que la communion intime avec
la nature formerait leur goût comme leur jugement,
renouvellerait notre enseignement littéraire comme elle
a renouvelé notre enseignement scientifique.

On a cru pouvoir reprocher à cette méthode de retenir
l'esprit dans la contemplation des sensations et de l'empêcher de s'élever jusqu'aux idées générales : qu'elle
lui permette, au contraire, de se mouvoir au milieu des
idées les plus hautes, c'est ce que vous a prouvé, par la
péroraison de son discours, l'orateur qui m'a précédé. Je
sais bien qu'on insiste et qu'on refuse de faire honneur
de ces idées à l'enseignement scientifique. Dans un livre
où l'Université est jugée sans bienveillance, je lisais
récemment cette boutade : « A quoi bon enseigner la
« cosmographie ? Dites à vos enfants de regarder le ciel
« étoilé : ils tireront de ce spectacle toutes les idées que
« pourrait leur suggérer votre science. » Ils ne les en
tireront, répondrais-je, que si leur éducation leur a
donné quelque connaissance des conclusions de la cosmographie. Mais, sans Kléper et Galilée, que d'hommes
contempleraient encore le ciel étoilé sans y voir autre
chose que la voûte du monde, voûte solide d'un monde
fini, clôture de notre prison, toit fixe auquel sont suspendues des lampes immobiles. Combien notre conception, fille de la science, est plus vaste, plus sublime ! Il
est trop aisé, de refuser les présents de la science quand
on en a bénéficié. Il est trop aisé, quand des idées scientifiques nous sont devenues si familières que sans elles

nous ne pourrions plus penser, de les repousser et de dire : Cette science ne sert à rien pour la formation de l'esprit. Autant vaudrait dire, parce que nous ne sentons pas l'air que nous respirons : cet air est inutile ! En vérité, nos idées sur les rapports de la nature et de l'homme sont l'œuvre des sciences physiques. Et, dans la mesure où ces idées nous servent à former nos croyances relatives à notre de-tinée et à notre mission dans le monde, les sciences physiques participent non seulement à notre éducation intellectuelle mais à notre éducation morale.

« A m'entendre insister sur les mérites, réels ou virtuels, de l'enseignement scientifique, vous pourriez croire, Mesdames et Messieurs, que l'administration universitaire proclame la déchéance des lettres, et plusieurs d'entre vous en éprouveraient sans doute du regret. Mais telle n'est pas mon intention. J'ai voulu vous montrer que l'enseignement scientifique n'a pas nécessairement pour effet de surcharger la mémoire de notions techniques, mais qu'il collabore de jour en jour davantage à l'œuvre de culture que nous entreprenons au lycée. Je ne veux pas dire qu'il puisse jamais suppléer les « humanités ». Un homme cultivé doit savoir quelles sont les lois du monde physique et quelle est la place de l'humanité dans la nature. Mais cette connaissance ne suffit pas. Il doit savoir aussi quelles sont les lois du monde humain et quelle doit être la place de l'individu dans la société. Connaissances délicates que peuvent suggérer les récits de l'histoire, les inductions de la sociologie et l'expérience morale accumulée dans les littératures. Une éducation purement littéraire suffisait pour préparer les cadres de l'ancienne société ; l'éducation scientifique est nécessaire pour former les ingénieurs qui dirigent nos grands services publics et nos grandes exploitations privées, mais les ingénieurs ne commandent pas seulement à la matière, ils gouvernent des hommes : ils ont donc besoin des « humanités ». Qui sait si des conflits ne se sont pas produits ou ne se sont pas aggravés, entre collaborateurs d'une même œuvre sociale, parce que certains d'entre eux, ayant l'habitude trop exclusive de régir les mouvements des corps matériels, prétendaient asservir à des lois aussi rigoureuses les actions de leurs semblables ? Quelles que soient les répersussions des découvertes scientifiques sur les relations des hommes, ces relations n'en ont pas pas moins une nature et des lois propres, qu'on apprend à connaître, non pas dans les laboratoires mais dans les bibliothèques où sont déposées, grâce aux grands écrivains, les traces des actions humaines. Pour remplir pleinement la mission que je définissais au début de ce discours, le lycée ne doit donc sacrifier aucun enseignement ; il doit soumettre vos fils à une double discipline, celle des sciences et celle des lettres.

VII

L'EDUCATION DES TOUT PETITS (1).

La méthode de Mme Montessori n'est pas inconnue des éducateurs français. Elle a été plusieurs fois décrite dans nos revues et nos journaux pédagogiques. Pourtant, elle est moins répandue dans notre pays que dans la plupart des grandes nations d'Europe et d'Amérique. Est-ce qu'il y aurait incompatibilité entre les idées de l'illustre doctoresse italienne et les nôtres ? Je crois plutôt le contraire. Si Mme Montessori recrute chez nous moins d'adeptes qu'ailleurs, c'est, me semble-t-il, que nous étions d'avance convertis à sa doctrine ; c'est que la petite révolution pédagogique opérée en Italie par l'institution des « case dei Bambini » nous l'avons faite, en France, vers 1880, en créant nos « maternelles ».

Les deux méthodes — l'italienne et la française — s'inspirent du même principe qui est un principe de liberté. Laissons à l'enfant toute sa spontanéité, répète

(1) Préface d'une traduction française de la *Pédagogie scientifique* de Mme Montessori (Larousse, 1918).

en France Mme Pauline Kergomard ; éveillons ses énergies au lieu de les réprimer ; pas de contrainte, pas de punitions ; attendons, pour lui inculquer des connaissances, que sa curiosité aspire à les recevoir. Ces idées directrices de notre pédagogie enfantine, on les retrouve, vérifiées par d'ingénieuses expériences, dans l'ouvrage de Mme Montessori.

Entendons-nous. Liberté n'est pas anarchie. La « maternelle » française n'est pas l'école de Iasnaïa Poliana. La « casa dei Bambini » pas davantage : tout en interdisant d'entraver les mouvements spontanés des enfants, Mme Montessori reconnaît que « les actions inutiles et dangereuses doivent justement être étouffées » ; elle ne veut ni que les enfants bousculent violemment leurs camarades ni qu'ils mettent leurs pieds sur la table ou leurs doigts dans leur nez. Elle ne punit pas, mais elle isole ceux qui dérangent leurs voisins ; elle les place de telle manière qu'ils soient invités à imiter les plus calmes. Aucune de ces dispositions ne serait contraire à notre règlement des écoles maternelles. Nous serions même tentés parfois de reprocher à Mme Montessori d'imposer trop énergiquement sa volonté à celle de ses petits élèves : accepterions-nous, même si nous avions confiance dans l'efficacité du procédé, qu'une maîtresse, pour obtenir d'un élève une bonne prononciation, saisît de ses mains « la langue de l'enfant pour la ramener contre l'arcade dentaire » ? Mais d'une manière générale nous sommes d'accord avec Mme Montessori pour penser que la liberté de l'enfant doit être respectée — et qu'elle a des limites.

Poursuivant le même idéal, les deux écoles suivent souvent les mêmes voies et rencontrent les mêmes obstacles. Pour Mme Montessori comme pour Mme Kergomard, l'instrument de torture qui emprisonne les membres, le banc, c'est l'ennemi. Qu'on lui substitue la chaise individuelle, mobile, où l'enfant se trouve à son aise et qu'il déplace à volonté ! Mme Montessori va plus loin ; elle préconise la table individuelle : comme on peut, pour les exercices collectifs, grouper les petites tables, nous ne pouvons qu'applaudir.

Même progression, de part et d'autre, dans les programmes. Tout d'abord, la maîtresse se préoccupera du corps de l'enfant, de ses habitudes physiologiques, de son hygiène, de son alimentation. Puis, on plongera le petit être dans la nature ; on l'amènera à observer et à soigner les plantes et les animaux. Ensuite, on initiera l'enfant à la vie sociale : Mme Montessori exige qu'il participe à des travaux analogues à ceux de la maison paternelle, balaie le plancher, nettoie les meubles, dresse la petite table de la cantine et serve ses camarades. Par d'autres moyens, nous essayons, de notre côté, de faire germer dans son cœur le sentiment de solidarité. Vers le même moment commence l'éducation des sens, ou plutôt l'éducation de l'intelligence, car les exercices destinés à rendre les sens plus habiles sont des exercices de comparaison, propres à susciter des jugements, des appréciations, des réflexions, actes intellectuels par excellence.

Arrivée à ce point, la doctrine montessorienne s'écarte de la doctrine française. Son auteur estime que les exercices qui précèdent ne rassasient pas un enfant de quatre ans : de lui-même il aspire à d'autres connaissances, à d'autres actions : il veut écrire, il veut lire. En France, on soutient qu'il est prématuré de lire et d'écrire avant cinq ans. Mais je ne sais si l'opposition des deux thèses est aussi formelle en réalité qu'en apparence : ce que proscrivent les éducatrices françaises, c'est l'exercice artificiel de l'écriture et de la lecture imposé à des enfants qui y répugnent ; mais Mme Montessori se joindrait à elles pour le condamner. Et s'il était démontré à Mme Kergomard qu'un enfant de quatre ans *veut* écrire, elle est trop respectueuse de la liberté du tout petit pour l'empêcher de s'y essayer.

Comment s'étonner que des méthodes si voisines produisent des résultats fort comparables ? A lire Mme Montessori, on devine ceux qu'elle obtient. Relisez la page où elle raconte comment un enfant de quatre ans, se promenant seul sur les terrasses, répétait plusieurs fois de suite, comme se parlant à lui-même : « pour faire Zaira, il faut *z, a, i, r, a* » ; celle où elle nous montre les jeunes néophytes de l'écriture couvrant de lettres toutes les murailles, et tant d'autres où l'on voit l'enfant se révéler à lui-même sa propre pensée et sa propre puissance. Quelle joie pour une femme qui s'est donnée toute à l'éducation des petits que d'assister à leurs enthousiasmes ! Eh bien ! cette joie, il ne nous est pas interdit de l'éprouver. Le 1er novembre dernier, passant devant une école maternelle, j'eus la surprise de voir un enfant se coucher devant la porte fermée et de l'entendre s'écrier en regardant sous le vantail : « Oh !

comme il a grandi ! » Comme j'interrogeais du regard sa sœur aînée, elle m'expliqua : « Il parle de l'arbre qu'il a planté. » Ainsi nos institutrices maternelles inspirent l'amour de la nature avec assez de succès pour qu'un bambin parisien ne puisse passer, un jour de congé, devant son école sans s'intéresser à son petit arbre et sans se donner quelque peine pour le voir. Cette constatation m'a procuré, je l'avoue, un plaisir que j'ose comparer à ceux qui récompensent Mme Montessori de son dévouement à l'enfance.

De tout ce qui précède on aurait tort de conclure que, pourvus depuis longtemps d'un système d'éducation analogue à celui de Mme Montessori, nous n'avons rien à apprendre en lisant son ouvrage.

Tout d'abord, nous avons à apprendre tout ce que lui a suggéré sa science de psychologue et de physiologiste. Car, avant d'être une éducatrice, elle est une savante. C'est même parce qu'elle est une savante qu'elle est devenue une éducatrice : c'est pour faire de la psychologie une science qu'elle est venue à la pédagogie. A son avis, la psychologie dite scientifique commet une grave erreur de méthode : elle contraint les enfants à des attitudes forcées ; elle ne peut donc observer que des altérations de la vie mentale : elle voit faux. Pour voir juste, pour saisir l'âme de l'enfant, il faut le laisser évoluer librement devant l'observateur. Une pédagogie libérale est la condition d'une psychologie scientifique. Ou, comme le dit Mme Montessori dans une formule très importante qui renverse les idées habituellement émises sur les rapports des deux disciplines : « C'est la psy chologie qui puisera ses conclusions dans la pédagogie et non la pédagogie dans la psychologie. » Mais, amenée à la pédagogie par souci de méthode psychologique, M™° Montessori a été prise tout entière par l'art passionnant de l'éducation. Et elle a fait profiter cet art de toutes les ressources de sa science. C'est ainsi qu'ayant, en qualité de physiologiste, constaté les résultats obtenus par certains procédés dans l'éducation des enfants anormaux, elle a eu l'idée d'appliquer les mêmes procédés à l'éducation des enfants normaux. Elle estimait qu'une même méthode, agissant sur des esprits inégaux, devait produire des effets inégaux et que, placés dans des conditions où de pauvres idiots faisaient des progrès appréciables, les enfants bien doués devaient réaliser des progrès considérables. L'expérience ne lui a pas donné tort, et la France aurait tout intérêt à reprendre, dans son ouvrage, le bien qu'elle reconnaît volontiers avoir emprunté à deux Français, Seguin et Itard, deux des fondateurs de la psychologie pathologique.

C'est, de même, dans les laboratoires de psychologie physiologique que M™° Montessori a trouvé le matériel qui lui sert à faire l'éducation du sens des couleurs, du sens des sons, du sens de la pesanteur, de la chaleur, etc. C'est une loi psycho-physiologique qui lui a dicté sa méthode relative à l'enseignement de l'écriture et de la lecture : associez fortement les sensations tactiles, musculaires, visuelles et auditives; faites que l'enfant suive de la main les contours d'une lettre en papier rugueux au moment précis où il la regarde de ses yeux et où il entend prononcer le mot qui la désigne, et vous constaterez qu'il retiendra aisément et définitivement cette connaissance. C'est encore une loi psycho physiologique qui suggère à Mme Montessori la règle d'après laquelle il faut non pas reprocher aux enfants leurs erreurs, mais les passer sous silence et attendre un moment favorable pour faire trouver la vérité : les mots de blâme, remarque-t-elle, prendraient dans la conscience plus de place que l'idée juste ; ils l'enseveliraient dans l'oubli. Sans doute, on pourrait objecter qu'une troisième alternative est concevable : en rectifiant l'erreur d'un mot bref, sans reproches vains, ne se conformerait-on pas aux lois de la psychologie ? celle-ci n'enseigne-t-elle pas qu'il est dangereux de laisser à l'erreur le loisir de se graver dans la mémoire ? Il n'en est pas moins vrai que notre pédagogie française, trop dédaigneuse de la psychologie expérimentale, aurait souvent d'utiles leçons à prendre dans la « méthode de pédagogie scientifique » de Mme Montessori.

Nous aurions aussi à lui emprunter tous les procédés, toutes les observations que lui suggère son amour pour l'enfance. Cette savante possède un cœur maternel. Je me demande même si elle n'a pas fait plus de découvertes psycho-physiologiques en se promenant au Pincio, parmi les enfants, qu'en étudiant dans les laboratoires, Qu'on se rappelle la scène charmante où elle vit un enfant pleurer à chaudes larmes parce que sa bonne, croyant combler ses désirs, remplit d'un coup le petit seau où laborieusement il versait pierre sur pierre.

Quelle lumière projetée sur l'âme de l'enfant, sur son besoin d'activité, sur son goût de l'effort même pénible (à la condition qu'il soit spontané), et sur les méprises des parents et des maîtres qui, sous prétexte de l'aider, le paralysent, le condamnent à l'impuissance, et, sans le vouloir, font son malheur !

Quant aux « trouvailles » d'ordre pédagogique je n'en citerai qu'une : c'est la leçon de silence. A première vue, rien de plus contraire aux principes de l'auteur : comment concevoir, dans un système où l'on ne rêve que liberté, épanouissement sans contrainte, un exercice où toute· les tendances sont réprimées ? Comment concevoir, dans un système qui proscrit toute. discipline directe et collective, un exercice qui impose à toute la classe une rigoureuse discipline ? Que l'on résolve comme on voudra cette apparente antinomie, il n'en est pas moins vrai que Mme Montessori a conçu l'idée de la leçon de silence et que cette leçon produit l'effet le plus salutaire sur les jeunes volontés et les jeunes intelligences. Chose plus étrange encore, la leçon de silence (qu'on pourrait appeler aussi la leçon d'immobilité), au lieu de déplaire aux enfants dont elle contrarie tous les instincts, les amuse à tel point qu'ils en demandent eux-mêmes, de temps à autre, la reprise. Le nom de Mme Montessori — n'eût-elle imaginé que la leçon de silence — mériterait d'être conservé dans l'histoire de l'éducation.

Concluons. Sans être infidèles aux principes de la pédagogie française, nous pouvons accueillir dans nos écoles maternelles la plupart des procédés de la méthode montessorienne. Elle met au service de notre idéal — et nous aurions tort de nous en priver — tous les perfectionnements qu'elle doit aux découvertes de la psychologie moderne et aux intuitions d'une grande éducatrice.

VIII

UN REGARD SUR L'ECOLE
D'APRÈS GUERRE (1).

Bien que la guerre ait prouvé de la façon la plus éclatante la solidité de l'édifice scolaire bâti par la Troisième République, il n'est pas douteux qu'une partie de l'opinion attend, non sans impatience, une réorganisation de l'enseignement national. Peu de projets ont été proposés ; ceux qui se présentent comme les plus révolutionnaires sont en réalité assez timides, mais les velléités de reconstruction sont fréquentes : on sent, plus ou moins nettement, que l'école ne peut pas demeurer immuable alors que tout, autour d'elle, est, du fait de la guerre, profondément modifié. Il est donc de notre devoir de rechercher quelles transformations elle doit subir.

De tous les grands faits auxquels nous assistons, quel est celui qui aura sur l'éducation nationale la plus

(1) Article publié dans la *Revue pédagogique*, septembre 1918.

forte répercussion ? La réponse est sur toutes les lèvres. Il est d'une évidence aveuglante qu'après une aussi effrayante destruction d'énergies et d'œuvres humaines, l'activité productrice de chacun des survivants devra être doublée : l'école devra donc fournir au pays des jeunes gens capables de produire deux fois plus que leurs aînés. Sur ce principe tous les partis s'accordent : ce que tous demandent à l'école, c'est de former des producteurs.

Nous repousserions ce principe s'il signifiait que l'école primaire doit se borner à fabriquer, pour les engrener dans les rouages matériels de la machine industrielle, des espèces de rouages humains. Si modeste qu'il soit, l'enseignement primaire a de plus hautes ambitions : il prétend faire des hommes. Bien misérable serait un système d'éducation, de quelque nom qu'on le décore, si, façonnant ses élèves d'après les formes et dimensions des places qu'ils occuperont dans la société, il négligeait de les cultiver pour eux-mêmes et s'abstenait de développer toutes leurs virtualités. Il est vrai que l'enseignement primaire doit courir au plus pressé : tandis que les enseignements secondaire et supérieur s'adressent à des jeunes gens qui n'entrent guère dans leur carrière avant vingt-cinq ans, l'enseignement primaire s'adresse à des enfants qui doivent gagner leur pain les uns à treize ans (ce sont les élèves des écoles élémentaires), les autres à dix-huit (ce sont les élèves des écoles primaires supérieures et des écoles normales). Mais, comme les enseignements secondaire et supérieur, l'enseignement primaire, en préparant ses élèves à leur profession, entend initier leur esprit à ce qu'ils peuvent saisir de la science, former leur jugement et leur volonté, bref leur donner une éducation générale. Ce serait le mutiler que le condamner à jouer un rôle exclusivement utilitaire. Et le peuple français ne manquerait pas de s'insurger s'il voyait mettre en pratique les théories de ceux qui, à l'extrême gauche ou à l'extrême droite de l'opinion, prétendent river ses fils à leur métier et leur interdisent d'élargir leur horizon.

Mais si, dans l'école de demain, nous refusons de tout sacrifier aux préoccupations d'ordre économique, reconnaissons que le facteur économique est le pivot autour duquel s'effectuera la révolution pédagogique de demain. Précisément parce que l'école a donné des preuves décisives de son efficacité morale, ce sont des preuves de son efficacité matérielle qu'on va désormais lui demander. Elle s'est montrée capable de former de bons soldats et de bons officiers ; pour les tâches, rudes elles aussi, de l'activité pacifique, elle doit être capable de préparer de bons ouvriers et de bons chefs. Sans oublier les autres aspects du problème pédagogique d'après guerre. nous pouvons affirmer que le plus important est l'aspect économique ; c'est du point de vue économique que nous devons envisager les réformes à accomplir.

I

De ce point de vue, un premier horizon se découvre. Si le rôle du facteur économique grandit, l'école suivra ses variations. Nos écoles revêtiront une physionomie différente selon qu'elles se trouveront dans un hameau où résident exclusivement des agriculteurs, dans une bourgade semi-agricole semi-industrielle, dans un port de mer ou dans une ville manufacturière. La réforme qui a introduit un commencement de spécialisation dans nos écoles primaires supérieures doit s'étendre à nos écoles élémentaires : les unes, comme les autres, doivent être essentiellement agricoles dans les localités agricoles, industrielles et commerciales dans les milieux industriels et commerciaux.

Sans doute, dans toutes les écoles de la République, on doit enseigner l'histoire nationale, la géographie de la France, la langue française et la morale civique. Réserve faite de certaines nuances, les programmes de ces enseignements demeureront les mêmes partout ; cette uniformité est une condition de l'unité nationale ; ces enseignements sont le ciment de la patrie.

Mais pourquoi les notions de sciences appliquées à la vie pratique seraient-elles dans un hameau les mêmes que dans une grande ville ? Est-il nécessaire d'insister, à Marseille, sur les éléments de la botanique appliquée à l'agriculture, alors que les écoles n'ont pas de champ d'expérience et que les écoliers seront demain ouvriers du port ou de l'usine ? Est-il nécessaire, dans un petit village sans industrie, d'insister sur la fabrication de l'acier ? Certes, nous n'entendons pas emprisonner l'écolier dans son milieu immédiat : l'école est faite, au contraire, pour lui ouvrir des vues sur l'univers. Mais c'est dans son milieu immédiat que doivent être pris de préférence les faits scientifiques sur lesquels on attire son attention. Et c'est en vue de son action sur ce milieu que doivent être choisies et coordonnées les connaissances qu'on lui inculque.

Des remarques analogues vaudraient pour l'enseignement féminin. Les jeunes filles de la ville sont de plus en plus entraînées dans le tourbillon industriel et commercial : le calcul, la comptabilité, le dessin, des notions élémentaires de chimie leur sont plus utiles que l'étude des animaux et des plantes. Les devoirs de la ménagère ne sont pas les mêmes à la ville — où elle n'a que son intérieur à tenir — et à la campagne — où elle dirige la basse-cour et la laiterie. Les problèmes que se pose la ménagère citadine, dans un milieu où, par suite de la division du travail, la plupart des actes jadis réservés à la production familiale sont accomplis par l'industrie, sont tout différents de ceux que doit se poser la ménagère rurale, obligée de se livrer aux besognes les plus diverses. Par suite, l'enseignement ménager — et l'enseignement scientifique sur lequel il s'appuie — doivent varier selon les milieux économiques.

Cette variation se limitera-t-elle à l'enseignement scientifique ? Non. Elle gagnera vite d'autres chapitres du programme. Le dessin qui est nécessaire à de futurs ouvriers (dessin d'outils, de machines, de matériaux et de produits ouvrés) n'est pas le dessin qui est nécessaire à de futurs agriculteurs (plans de terrains et de constructions, dessins d'objets naturels ou d'êtres vivants). La gymnastique elle-même ne doit pas être à la ville ce qu'elle doit être à la campagne : ici, c'est l'agilité et l'adresse qu'il faut développer ; là, c'est la capacité respiratoire qu'il faut accroître, c'est contre l'étiolement qu'il faut lutter. Pour tout ce qui, de près ou de loin, se rattache à l'activité productrice, l'enseignement variera en fonction des variations de cette activité.

Utile à l'école, la spécialisation des programmes serait indispensable dans l'enseignement postscolaire. Si l'on conçoit à la rigueur que les enfants de dix ans, dont la vocation n'est pas arrêtée, apprennent tous, quelle que doive être leur destinée ultérieure, les mêmes éléments des sciences (ceux qui servent de principes communs à toutes les applications), ne serait-il pas étrange d'enseigner au jeune homme qui débute dans un métier les notions scientifiques qui s'appliquent à un autre ? ne serait-il pas étrange de lui parler botanique alors qu'il est ajusteur mécanicien ? de lui parler du four électrique alors qu'il est laboureur ? Et sans doute les sciences se pénètrent, leurs applications s'enchevêtrent : l'électricité accomplira des merveilles en agriculture comme elle en a réalisé dans l'industrie. Que des conférences fassent entrevoir aux adolescents les vérités qui leur sont inutiles, et excitent pour elles leur curiosité et leur enthousiasme, rien de mieux. Mais, sans proscrire ce luxe si nécessaire, n'inscrivons au programme réglementaire des cours d'adolescents que des matières plus immédiatement assimilables pour nos élèves, que des vérités plus directement applicables à leur vie quotidienne. Or, ces vérités ne sont pas les mêmes pour le jeune ouvrier que pour le jeune agriculteur.

Ainsi la première réforme qui nous paraisse s'imposer, si nous voulons mieux adapter les jeunes Français à leur fonction économique, consisterait à spécialiser les écoles primaires d'après la profession probable de la majorité de leurs élèves. Nous aurions, d'une part, l'école rurale, avec son jardin ou mieux avec son champ, avec son musée de semences, d'engrais, de machines et de produits agricoles ; les sujets de dictées, de lectures, de rédactions, les énoncés des problèmes d'arithmétique y seraient empruntés à la vie rurale ; l'économie rurale, la chimie agricole, la zoologie et la botanique occuperaient, dans les modestes leçons de choses, la place prépondérante. Et nous aurions d'autre part, l'école urbaine, avec son atelier, avec un musée de matières employées et d'objets manufacturés dans la région, avec un stade pour les exercices physiques (que le campagnard pratiquera en pleins champs), avec des classes de plein air (inutiles aux paysans) ; dans son programme, la mécanique, la physique et la chimie élémentaires auraient le pas sur les sciences naturelles. Nous aurions l'école de filles urbaine avec une cuisine comportant fourneau à charbon et fourneau à gaz, avec une salle de couture et une salle de repassage. et l'école de filles rurale avec une cuisine sans gaz, mais avec une basse-cour. Nous aurions l'école côtière avec des cartes marines, des instruments d'orientation et un musée d'engins de pêche. Dans les grandes villes, où des usines importantes attirent dans chaque quartier une corporation, la spécialisation des écoles pourrait être poussée plus loin : dans telle école voisine d'ateliers de chemins de fer ou de forges, on insisterait sur les applications de la physique et de la chimie à l'industrie métallurgique, tandis que, dans telle autre, voisine de tissages, de savonneries, d'usines à gaz, on insisterait sur les applications des sciences aux industries chimiques. Inversement, dans les bourgades semi-agricoles semi-industrielles, il y aurait lieu de donner aux familles le droit d'opter pour leurs enfants entre l'enseignement agricole et l'enseignement industriel. Mais, en tout cas, la physionomie de l'école, son programme et son matériel d'enseignement, refléteraient la physionomie économique du pays ou du quartier.

On reprochera sans doute à cette spécialisation d'être dangereusement prématurée : l'enfant ne sera-t-il pas aiguillé trop tôt vers son métier futur ? Comment, s'il en éprouve plus tard le désir, lui sera-t-il possible de changer de voie ? Comment, par exemple, l'élève d'une école rurale pourra-t-il concourir pour une bourse d'enseignement secondaire, si le programme de l'examen des bourses ignore la distinction de l'enseignement agricole et de l'enseignement industriel ? Ne vaudrait-il pas mieux assurer à tous les petits Français la même instruction jusqu'au moment où, leurs aptitudes se dessinant avec netteté, on pourrait les orienter vers une profession déterminée ? Le rôle essentiel de l'école, dans une société démocratique, n'est-il pas de permettre aux enfants de choisir librement leur destinée ? Et l'un des moyens de créer cette liberté n'est-il pas de leur faire connaître les divers aspects du monde naturel et du monde social ? L' « école unique », en un mot, n'est-

elle pas l'idéal ? un idéal dont nous éloignerait la spécialisation qui vient d'être proposée ?

Cette objection porterait contre le système qui réclame, pour les facteurs d'ordre économique, une influence exclusive sur l'organisation de l'enseignement.
Mais dans notre plan, d'autres facteurs, d'ordre intellectuel et moral, continueraient à jouer un rôle important.
Aussi laissons-nous subsister dans les programmes un
fonds commun, quasi-immuable en dépit des variations
du milieu économique. L' « unité » de l'école n'est donc
pas compromise. En allégeant les programmes de l'école
urbaine de tout ce qui n'est pas indispensable à la ville
et ceux de l'école rurale de tout ce qui n'est pas indispensable à la campagne, nous n'empêchons nullement
les élèves de l'une ou de l'autre de choisir librement
leur destinée. Nous n'empêchons nullement le petit
campagnard, s'il a les aptitudes requises, de réussir au
concours des bourses de l'enseignement secondaire. Les
règles fondamentales de la grammaire et de l'arithmétique, les lois élémentaires des sciences expérimentales
sont les mêmes à la campagne et à la ville. Pour avoir
appris le calcul à l'aide de problèmes relatifs à la vie
rurale, l'enfant de la campagne n'en aura pas moins
appris le calcul, et, s'il est intelligent, il ne sera pas déconcerté, même si les problèmes qui lui sont proposés roulent sur des réalités de la vie urbaine. Nous
n'entraverons d'aucune manière cette « sélection
des plus aptes » que la guerre nous ordonne impé-
rieusement de favoriser. Nous n'entraverons pas
l'ascension sociale des plus méritants. Mais nous

accroîtrons, par la spécialisation, le rendement de l'école.

II

A des écoles spécialisées donnons des maîtres spécialisés. Pourquoi la loi de la division du travail ne s'appliquerait-elle pas au domaine pédagogique ? Avons-nous le droit d'y pratiquer le gaspillage des énergies ? Là, comme ailleurs, chaque ouvrier doit être adapté à sa tâche particulière. Un même instituteur ne peut pas indifféremment et avec un égal succès enseigner aux petits villageois les principes du jardinage, aux petits citadins les principes de la mécanique, aux petits marins les éléments scientifiques de l'art nautique. Il faut qu'il choisisse, entre ces programmes divers, celui qui répond le mieux à ses goûts, à ses aptitudes, à sa vocation. Il faut qu'il se décide, dès le début de sa carrière, pour la profession d'instituteur rural ou pour celle d'instituteur urbain. Et, même si ce choix n'est pas tout à fait libre, il faut qu'il fasse contre fortune bon cœur, qu'il aime le milieu où il passera sa vie et qu'il s'efforce d'y rendre, jusqu'au terme de sa carrière, le maximum de services.

Pour réaliser cette spécialisation des maîtres, il suffirait de modifier le règlement des brevets de capacité. Cet examen comporterait, avec des épreuves communes de français, d'histoire et de géographie, de morale et d'instruction civique, des épreuves scientifiques variables suivant les milieux où désireraient exercer les candidats.

Le brevet avec mention « agriculture » ne donnerait pas le droit d'enseigner dans les écoles urbaines mais seulement dans les écoles, publiques' ou privées, que le conseil départemental aurait rangées dans la catégorie « agricole ». Le brevet avec mention « industrie » ne permettrait d'exercer que dans les classes de la catégorie « industrielle ». Dans les départements maritimes une catégorie spéciale d'instituteurs serait prévue pour les écoles du littoral. Et dans tous les départements on exigerait des maîtresses qui se destinent aux écoles maternelles et aux classes enfantines les aptitudes et les connaissances nécessaires pour l'éducation du premier âge. Nul doute qu'il ne demeure possible à une institutrice maternelle de passer dans une école élémentaire, à un instituteur rural de passer dans la catégorie des urbains. Mais, ce transfert ne serait autorisé que si l'intéressé joignait au brevet suffisant pour la catégorie d'où il veut s'évader celui qui est requis pour la catégorie où il veut pénétrer. En règle générale, les deux catégories seraient distinctes.

Je ne sais si ces dernières conclusions agréeront à tous mes lecteurs. Que l'enseignement primaire soit tenu de devenir plus « pratique », de se modeler davantage sur le milieu économique, tout le monde l'admet : mais on n'aperçoit pas toujours que cette vérité en suppose une autre, à savoir que l'instituteur, comme son école, doit s'adapter à son milieu et qu'il faut concevoir autant de catégories de maîtres que de types d'écoles. Tel qui applaudit d'avance à l'idée de différencier l'école rurale et l'école urbaine refuserait de différencier l'instituteur rural et l'instituteur urbain. Il nous semble, au contraire, que la spécialisation des écoles entraine nécessairement celle des maîtres.

Nous ne nous dissimulons pas la gravité de cette conséquence. Et nous reculerions devant elle si la spécialisation des instituteurs avait pour effet inéluctable de créer, parmi eux, des privilégiés et des parias, des maîtres de première et des maîtres de seconde « zone » Mais il ne parait pas impossible de maintenir, entre les diverses catégories, l'égalité, et d'assurer aux instituteurs ruraux le même statut, les mêmes traitements et les mêmes avantages qu'aux instituteurs urbains.

Comment, demandera-t-on, les deux groupes recevraient-ils mêmes traitements, puisque les plus belles indemnités de résidence iront, dès le début de leur carrière, aux maîtres du corps urbain, tandis que ceux du corps rural en seront à jamais privés ? Comment le même avancement serait-il assuré aux deux groupes alors que les plus beaux postes seraient exclusivement réservés à l'un d'eux ? Il est certain que, pour établir l'égalité de traitement entre les urbains et les ruraux, il faudrait renoncer au régime des indemnités de résidence. Mais ce régime mérite-t-il d'être conservé ? Sans doute, les instituteurs des petites communes, qui n'en bénéficient guère, jouissent en revanche de sérieux avantages : la vie est, en général, moins chère à la campagne qu'à la ville (encore que cette règle comporte de très nombreuses exceptions), et l'instituteur rural tire parti des produits de son jardin, s'il le cultive. Mais si la résidence urbaine était moins avantageuse, elle serait moins recherchée :

l'instituteur urbain peut élever ses enfants sans bourse délier, dans un établissement d'enseignement secondaire ou primaire supérieur, et s'il ne reçoit pas le traitement de secrétaire de mairie, dont aimerait souvent à pouvoir se passer son collègue rural, il a plus de chances que lui d'obtenir, d'une municipalité plus riche, des indemnités variées. L'indemnité de résidence favorise donc des maîtres déjà favorisés. Loin d'être fâcheuse, sa suppression — qui ne serait pas effectuée sans un relèvement corrélatif des traitements — rétablirait entre les deux catégories d'instituteurs un juste équilibre. Que les communes ajoutent volontairement au traitement de l'instituteur une subvention variable selon les circonstances locales, soit. Mais le traitement légal ne devrait varier que selon le mérite professionnel. Et le mérite professionnel ne varie pas selon les lieux.

Quant à l'avancement (abstraction faite de celui qui résulte des promotions de classe), il pourrait, dans les deux groupes, comporter trois degrés principaux. L'instituteur du cadre agricole serait tour à tour adjoint, chargé d'école (à une ou deux classes), directeur d'école (à trois classes ou à plus de trois classes). Quant à l'instituteur du cadre industriel, il débuterait comme adjoint dans une école semi-agricole semi industrielle, puis passerait, toujours comme adjoint, dans une école purement industrielle ; enfin il pourrait devenir directeur d'une école de ce dernier type. Nous avons, en effet remarqué précédemment que dans mainte bourgade où la plus grande partie de la population s'adonne à l'agriculture, les artisans sont néanmoins nombreux et les vocations industrielles fréquentes. Dans ces localités, la plupart des maîtres posséderont le brevet portant la mention « agriculture » et, pour la majorité des élèves, l'enseignement scientifique sera adapté aux besoins de la terre ; mais l'un des instituteurs appartiendra au cadre industriel et, pendant les heures consacrées à l'enseignement des sciences, il apprendra à ceux des enfants qui le désireront les rudiments de la technologie industrielle. Ainsi la carrière des instituteurs de ce cadre s'ouvrira dans les petites villes pour se terminer dans les plus grandes, tandis que celle des instituteurs ruraux s'achèvera dans la direction des écoles semi-rurales semi-urbaines. La séparation des deux groupes de maîtres n'aura pas pour effet d'immobiliser les uns dans les postes de début et de confier aux autres, dès leurs débuts, les postes qu'ils rêvaient pour la fin de leur carrière. Elle n'interdit pas d'introduire quelques nuances dans leur curriculum. Elle permet de ménager aux uns et aux autres des étapes parallèles d'avancement.

L'avancement ne serait régulier, dans l'une et l'autre catégorie, que si les cadres du personnel n'étaient pas, comme aujourd'hui, resserrés dans les limites du département. L'une des conséquences les plus importantes de la spécialisation des instituteurs serait de briser ces cadres trop étroits. En effet, dans maint département essentiellement agricole, les maîtres pourvus du brevet portant la mention « industrie » seront trop peu nombreux pour constituer un cadre : le jeu des nominations, des mutations, des promotions y serait trop faible, et, l'appel des nouvelles recrues étant rare et irrégulier, leur qualité serait médiocre. Inversement, dans tel département où le chef-lieu attire et absorbe toutes les jeunes énergies, c'est le cadre des maîtres ruraux qui risquerait de n'être jamais rempli. Il est nécessaire qu'un instituteur du cadre industriel puisse être appelé de Saint-Brieuc à Rennes ou de Foix à Toulouse. Et il n'est pas moins nécessaire que le département du Rhône (ou des Bouches-du-Rhône) puisse attirer dans ses villages, s'il en est lui-même dépourvu, des instituteurs « agricoles » d'un autre département. Il faudra donc substituer aux cadres départementaux des cadres régionaux.

Dès lors, la direction du personnel de l'enseignement primaire échapperait aux autorités départementales pour échoir à une autorité régionale qui ne saurait être que celle du recteur. Nous rejoignons ainsi les auteurs des propositions (dont l'une est déjà votée par la Chambre des députés) qui, pour des motifs différents, remettent aux recteurs le pouvoir de nommer les instituteurs. Il serait nécessaire, mais relativement aisé, de préciser de quelle manière le recteur userait de ce pouvoir, dans quelles conditions les inspecteurs d'Académie lui adresseraient leurs propositions, quelles garanties seraient accordées au personnel contre les décisions qui paraîtraient léser des intérêts ou des droits. On concevrait, auprès du recteur, un conseil académique élargi, complété par des représentants des différentes catégories de membres de l'enseignement primaire, et chargé à la fois d'assister le recteur dans l'administration de cet enseignement et de juger en appel les affaires disciplinaires ou contentieuses. Le conseil départemental ne serait pas supprimé ; la plupart de ses attributions actuelles lui seraient conservées ; il aurait à déterminer le nombre et la nature des emplois d'enseignement dans chaque localité ; il aurait à dire notamment quelle doit être l'orientation professionnelle des écoles. publiques ou privées, de chaque commune. Il aurait à donner un avis sur les récompenses à accorder aux maîtres. Il serait, pour les affaires disciplinaires et contentieuses, le tribunal de première instance. Mais le conseil académique traiterait toutes les questions qui dépassent les limites du département. On peut espérer que son influence serait heureuse. Pour adapter nos écoles primaires (élémentaires ou supérieures) aux conditions économiques de leur région, combien peuvent être précieux les avis des maîtres de l'enseignement supérieur (savants, juristes, économistes, historiens ou géographes) qui sont représentés à ce conseil ? Loin de le laisser mourir d'inanition, il faudrait lui rendre une raison d'exister en lui restituant certaines des attributions que lui a enlevées la loi de 1886 et en lui donnant juridiction, dans son ressort, sur les programmes, les méthodes et le personnel de l'enseignement primaire.

III

La spécialisation des instituteurs nous obligerait à poser en termes tout nouveaux le problème de leur formation.

A cet égard, la première solution qui vienne à l'esprit est celle qui consisterait à répartir les élèves de chaque École normale en plusieurs sections : section agricole, section industrielle et commerciale (au besoin section maritime) dans les Ecoles normales d'instituteurs (1) ; section agricole-ménagère, section commerciale, section maternelle dans les Ecoles normales d'institutrices.

Mais cette organisation serait soit onéreuse soit insuffisante. Elle serait onéreuse si l'on donnait à chaque École un personnel compétent pour chacune de ses sections : trois professeurs de sciences au lieu d'un seraient nécessaires partout où l'on préparerait les élèves-maîtres en vue de l'agriculture, de l'industrie et de l'art nautique. Elle serait insuffisante si, par une singulière contradiction, on se contentait, pour former des instituteurs spécialisés, 'de professeurs qui ne le seraient pas. Dans l'une ou l'autre alternative, cette organisation serait médiocre : chaque promotion de norma-

____

(1) C'est un vœu qu'a formulé le Conseil Général des Côtes-du-Nord.

liens ou de normaliennes serait morcelée en sections dont chacune ne comprendrait que quelques unités ; or, dans des classes si peu denses, l'émulation est faible, la vie intellectuelle languit. Ce n'est pas là ce que nous rêvons pour nos Écoles normales.

Heureusement, une autre solution nous est offerte par l'une de nos déductions précédentes : si les cadres du personnel deviennent régionaux, pourquoi les Écoles normales, au lieu de demeurer départementales, ne prendraient-elles pas, elles aussi, un caractère régional ? Dans chaque Académie, une ou deux Écoles se spécialiseraient dans la préparation des instituteurs du cadre industriel, les autres dans la préparation des instituteurs du cadre agricole. Les Académies du littoral désigneraient une École pour recevoir les futurs instituteurs de la côte. Et, dans chaque ressort, une École normale d'institutrices serait vouée à l'éducation professionnelle des futures « maternelles. »

Cette spécialisation permettrait d'alléger les programmes : au lieu de préparer, comme on le fait actuellement, tous les instituteurs à toutes les besognes, on dispenserait les normaliens des écoles « industrielles » de l'étude des sciences appliquées à l'agriculture, et réciproquement. Ici ce seraient les sciences physiques, là ce seraient les sciences naturelles qui occuperaient dans les programmes la place prépondérante, puisque l'industrie trouve ses principes dans les sciences physiques tandis que l'agriculture repose essentiellement sur les sciences de la vie. Ici le travail manuel s'exécuterait à l'atelier et à la forge ; là, au jardin ou au champ d'expériences ; ailleurs dans une embarcation de pêche, car on ne concevrait pas plus sans un bateau une école destinée à former les maîtres des futurs marins que sans un champ une école destinée à former les maîtres des futurs agriculteurs. Ici l'enseignement des langues vivantes serait développé. car l'instituteur urbain, dans les cours postscolaires, devra initier les futurs commerçants à la pratique d'une langue étrangère. Là, au contraire, on pourra renoncer à l'enseignement des langues vivantes, car, à la campagne (sauf peut-être dans les régions où le paysan est en contact avec des ouvriers agricoles de nationalité espagnole ou italienne), ni l'enfant ni l'adolescent n'aura l'occasion de se servir d'une langue étrangère : mieux vaudra, à l'Ecole normale qui prépare des maîtres ruraux, consacrer plus de temps à l'enseignement du français. Ici, enfin, l'école annexe ou l'école d'application devra comprendre plusieurs classes puisque les instituteurs urbains n'exerceront pour ainsi dire jamais dans une école à classe unique. Là, au contraire, l'école annexe devra nécessairement ne comporter qu'une classe ; ce sera une véritable école de hameau, si l'on veut que les élèves maîtres soient sérieusement habitués à traiter les problèmes d'organisation pédagogique que soulèvera devant leur inexpérience le milieu réel où ils débuteront. Bref, chaque Ecole normale aura sa physionomie propre, semblable à celle des écoles où exerceront ses élèves : à leur métier spécialisé ils seront préparés par une école spécialisée,

Par une conséquence nécesssaire, les professeurs de nos Ecoles normales seront eux-mêmes spécialisés.

Certes, nous n'oublions pas l'une de nos idées directrices : l'enseignement littéraire, gardien de nos traditions intellectuelles et morales, ne saurait être soumis à d'excessives variations. Entre nos professeurs de littérature doit donc régner une certaine communauté de vues, une entente sur les principes fondamentaux de la société française du xx⁰ siècle. Sans enchaîner leur liberté de pensée, on peut souhaiter qu'ils reçoivent tous des mêmes maîtres une même formation.

Mais il n'en serait pas de même des professeurs de l'ordre des sciences. Nous possédons déjà des professeurs de sciences appliquées qui sont, en fait, spécialisés dans les applications de la science à l'industrie mécanique et à l'industrie électrique. Il faut que nous possédions demain un professorat des sciences appliquées à l'agriculture (chimie, botanique et zoologie agricoles), un professorat des sciences appliquées aux industries chimiques, un professorat des sciences appliquées au commerce. Au milieu de ces spécialités, on ne voit pas trop quel serait dorénavant, dans nos Ecoles normales, le rôle du professeur de sciences théoriques. Il doit disparaître, — et avec lui le diplôme dont il est orné, — si nous voulons accentuer le caractère technique de l'enseignement primaire. Un professeur qui ne songe pas aux répercussions de la science sur la vie économique sera, dans nos écoles d'après-guerre, un anachronisme. Est-ce à dire que nous refuserons à nos normaliens le droit de contempler, comme leurs camarades des

Lycées et des Facultés, les splendeurs de la science pure ? Nullement. Nous souhaitons qu'aucun horizon ne leur soit fermé. Mais pour comprendre les principes les plus élevés de la science, est-il nécessaire d'oublier les réalités auxquelles elle aboutit ? pour embrasser les horizons les plus vastes, est-il nécessaire de se perdre dans les nuages ?

Dans l'hypothèse où les professeurs de nos Ecoles normales seraient ainsi spécialisés, que deviendraient les établissements qui, depuis près de quarante ans, se sont voués à leur formation, les Ecoles normales supérieures de Fontenay-aux-Roses et de Saint Cloud ? Leur réorganisation s'imposerait. La substitution de plusieurs « professorats des sciences appliquées » à l'unique « professorat » des écoles normales aurait pour conséquence de briser chacune des promotions scientifiques en sections dont chacune se réduirait à trois ou quatre élèves ? D'autre part, comment concevoir à Fontenay ou à Saint-Cloud, une préparation à l'enseignement des sciences appliquées à l'agriculture ? où seraient le champ d'expériences, la ferme-école pourtant indispensables ?

Il semble bien que le moment soit venu d'utiliser les concours que les Universités régionales offrent à l'enseignement primaire. On conçoit que les futurs professeurs scientifiques des Ecoles normales « agricoles » de Bretagne soient formés à l'Université de Rennes près de laquelle se trouve une école d'agriculture ; ceux du Midi à l'Université de Toulouse qui possède un institut agricole. De même les futurs professeurs scientifiques des Ecoles normales « industrielles » pourraient se former à l'Université de Nancy ou de Grenoble s'ils doivent enseigner dans des pays où se développe l'industrie électrique, à l'Université de Toulouse ou de Marseille s'ils doivent enseigner dans des pays où se développe l'industrie chimique. En s'adaptant à sa province, chaque Université s'apprête à lui adapter nos professeurs.

Est-ce à dire que l'on fermerait les Ecoles normales supérieures qui font la gloire de l'enseignement primaire français? Nul n'y songe. Tout d'abord, le soin de former les professeurs de l'ordre littéraire continuerait à leur incomber. Et nous leur confierions volontiers pour cette préparation, une sorte de monopole. Si l'enseignement primaire doit conserver l'esprit qui l'anime depuis quarante ans, c'est à Fontenay et à Saint Cloud que doit être entretenu ce feu sacré. En admettant que certaines sections scientifiques ne puissent être constituées dans ces écoles, les sections littéraires devraient, au contraire, être renforcées et accueillir tous les jeunes gens, toutes les jeunes filles qui auront à enseigner aux futurs instituteurs et institutrices la morale, la littérature, l'histoire et la géographie nationales.

Une autre mission leur serait confiée, analogue à celle dont l'Ecole de Fontenay a été chargée au temps de Félix Pécaut ; elles prépareraient à leurs fonctions les futurs inspecteurs et inspectrices primaires, les futurs directeurs et directrices d'Ecoles normales. A l'heure actuelle, le choix de ce personnel, choix si grave auquel sont suspendues les destinées de l'école primaire et les destinées mêmes du pays, est dicté à l'administration par les hasards d'un examen qui la renseigne bien sur l'intelligence des candidats, sur leurs idées pédagogiques (ou celles de leurs livres), mais qui ne la renseigne guère sur leur culture générale et ne la renseigne pas du tout sur leur caractère et sur leur philosophie. Il serait nécessaire d'offrir à ces candidats, pendant une année, l'hospitalité de Fontenay ou de Saint-Cloud, où ils recevraient une forte éducation philosophique et morale. Les nouvelles orientations de la psychologie et de la pédagogie ne sont pas assez connues dans l'enseignement primaire ; seuls quelques directeurs et directrices d'Ecoles normales essaient de s'en inspirer, mais l'apprentissage technique leur fait défaut. Les nouvelles orientations de la sociologie française, qui pourraient donner à l'enseignement moral des assises si solides, sont moins connues encore. Après avoir passé un an à Saint-Cloud ou à Fontenay, non loin de la Sorbonne, du Collège de France, des milieux intellectuels les plus vivants, les chefs futurs de l'enseignement primaire connaîtraient les sciences morales autrement que par les livres estimables, mais vieillis, où ils puisent actuellement leur inspiration. Une sève nouvelle vivifierait la pédagogie française.

* * *

En modifiant légèrement à la base l'orientation de l'école primaire, nous sommes amenés à refaire le plan de tout l'édifice. Le nouveau plan est-il construit dans l'abstrait ? Bâtissons-nous dans le pays des chimères ?

Notre point de départ est pris dans l'école actuelle. Nous nous inspirons des idées de ses fondateurs. Qui, mieux qu'eux, a signalé le double caractère, éducatif et utilitaire, de l'enseignement primaire ? qui a plus instamment recommandé aux instituteurs de ne négliger ni la culture générale ni la préparation professionnelle des élèves ? Les réformes accomplies par la génération qui les a suivis ont accentué le caractère pratique de notre enseignement primaire : tel était, en 1909, le sens de la réforme des écoles primaires supérieures. Depuis le début de la guerre, c'est dans la même direction que des coups de barre ont été donnés. Introduction, au certificat d'études primaires (et par suite, au cours moyen des écoles élémentaires), d'une épreuve obligatoire portant sur les notions scientifiques appliquées à l'agriculture, à l'industrie, au commerce, à la vie marine, à la vie ménagère ; dépôt d'un projet de loi sur l'enseignement postscolaire obligatoire qui, tout en faisant sa large part à l'éducation générale, insiste sur l'éducation professionnelle ; multiplication des sections techniques dans les écoles primaires supérieures ; encouragements donnés à l'alliance de l'enseignement primaire supérieur et du monde agricole ou industriel ; création d'un certificat d'aptitude à l'enseignement commercial, ces mesures, entre autres, ont eu pour but de faire participer plus efficacement l'école nationale au relèvement économique du pays. Mais elles ne sont que des pièces détachées d'un programme général. Et ce programme ne peut être réalisé que si, tout en maintenant les principes qui font l'unité de notre enseignement national, tout en fortifiant l'enseignement moral, historique et littéraire qui s'inspire de ces principes, nous introduisons dans l'école primaire un commencement de différenciation. L'école de demain ne sera pas plus féconde que celle d'hier si la tâche de ses instituteurs, de leurs inspecteurs, de leurs professeurs n'est pas mieux définie, si chacun n'est pas plus exactement adapté à une besogne plus exactement circonscrite. Or, elle manquerait au premier des devoirs que lui impose la guerre si elle ne faisait rien pour accroître sa fécondité.

IX.

QUE SERONT DEMAIN NOS ECOLES NORMALES ? (1)

Toute réforme de l'enseignement primaire suppose une réforme des Ecoles Normales. Voilà pourquoi, depuis dix-huit mois, tant de circulaires, d'articles, de rapports, d'enquêtes et de discussions ont pris pour thème la suppression, la conservation, l'extension ou la transformation de ces établissements. Et voilà pourquoi la Chambre des Députés, dans une sorte de parenthèse à la loi sur l'amélioration des traitements, a tenu à dire son mot sur la question. Mais ce mot tranche le débat. Il nous impose une solution. Quelle solution ?

I

« A partir du 1ᵉʳ octobre 1923, nul ne pourra entrer dans l'enseignement primaire s'il n'est pourvu du brevet supérieur et s'il n'a subi un stage d'une année au

(1) Article publié dans la *Revue pédagogique*, octobre 1919.

moins dans une Ecole normale. » Telle sera désormais la loi. Que signifie-t-elle ? A partir du 1er octobre 1923, les Ecoles normales devront fournir tous les maîtres, toutes les maîtresses nécessaires au fonctionnement des écoles publiques, soit chaque année, en chiffres ronds, 6.000 instituteurs et institutrices. Elles n'en donnent guère plus de 3.000. Il faut donc qu'avant quatre ans nous ayons trouvé le moyen de doubler leur rendement annuel.

Le plus simple serait de doubler chacune de leurs promotions. Sans toucher à leur structure, le Ministre de l'Instruction publique déciderait, en juillet 1920, que le nombre des élèves-maîtres et élèves-maîtresses à admettre au concours serait de 6.000 au lieu de 3.000. Et le 31 juillet 1923, ces 6.000 normaliens et normaliennes deviendraient les 6.000 instituteurs et institutrices réclamés par les besoins du service. Mais, outre que cette augmentation des effectifs, si elle n'était pas accompagnée d'une réforme interne, ne réaliserait pas tous les progrès rêvés par les amis de l'enseignement primaire, elle se heurterait à une impossibilité matérielle : nos écoles, dans leur état actuel, ne peuvent pas recevoir une population de 18.000 élèves ; elles ne disposent que de 11.000 places Il faudrait donc les agrandir. Les frais seraient d'après la loi, partagés entre l'Etat et les départements. En admettant que l'Etat fût prêt à verser sa part, quel département accepterait, à l'heure où le prix des constructions a triplé, d'entreprendre des agrandissements aussi considérables ? Et, même si tous y consentaient, comment leur bonne volonté serait-elle suivie d'effet ? Comment les constructions indispensables seraient-elles achevées avant le 1er octobre 1920, date à laquelle devrait entrer dans les Ecoles normales la promotion renforcée qui, sortant en 1923, nous permettrait d'appliquer à l'heure dite la nouvelle loi ? Il faut donc renoncer à cette première solution.

A plus forte raison se trouvent écartés, par le vote du Parlement, les projets tendant à allonger le séjour des élèves-maîtres dans les écoles. La majorité des directeurs et des directrices auraient accepté avec joie le surcroît d'obligations et de responsabilités qu'eût occasionné leur réalisation. S'ils ne sont pas retenus, ce n'est pas, comme on l'a écrit, parce qu'ils choquent, entraînant de fortes dépenses, les habitudes de lésinerie de l'administration ; c'est que les constructions nécessaires, en admettant que nous trouvions partout des terrains pour nous agrandir, ne sauraient être effectuées dans le court délai qui nous est imparti. On ne pourrait dès lors prolonger les études des normaliens qu'en réduisant l'effectif de chaque promotion : est-ce désirable ?

Recourra-t-on à une solution qui, tout en conservant le régime actuel, se bornerait à introduire, à côté des promotions régulières, un fort contingent d'élèves de passage ? On réduirait, par exemple, à 2.500 l'effectif des trois promotions régulières (qui occuperait ainsi .7500 places) mais on remplirait les écoles en faisant suivre les cours de 3e année par 3.500 auxiliaires. Si bien que, sans s'agrandir, les Ecoles normales pourraient fournir chaque année 6.000 instituteurs ou institutrices, dont une bonne partie n'aurait reçu qu'un an leur hospitalité.

— Cette combinaison ne serait pas contraire au vote de la Chambre. Bien plus, j'estime qu'en toute hypothèse, on sera obligé d'admettre dans les écoles normales, à côté des élèves réguliers, des jeunes gens qui n'y feront qu'un stage d'une année. Sinon, les inspecteurs d'académie ne trouveront plus assez de suppléants ni de suppléantes pour remplacer les maîtres en congé : qui consentirait à jouer ce rôle sans avoir l'espérance d'entrer un jour dans les cadres ? et quel suppléant pourrait avoir cette espérance si l'on ne pouvait entrer dans les cadres qu'après avoir été admis au concours des écoles normales et après y avoir passé trois années ? Mais est-ce à dire que les suppléants, appelés pour un an à l'Ecole normale, doivent être aussi nombreux ou plus nombreux que les élèves réguliers ? Abstraction faite des difficultés d'ordre matériel que soulèverait cette invasion des classes de 3e année par un si lourd contingent de nouveaux venus, cette mesure n'aurait-elle pas pour effet de restreindre, au lieu de l'accroître, le rôle des Ecoles normales ? Pour augmenter le nombre des jeunes gens qui subiraient l'influence de l'Ecole, ne risquerait-on pas de diluer cette influence ? L'action des professeurs et des directeurs, réfractée en passant sur deux milieux hétérogènes, conserverait-elle toute sa force ? A notre avis, l'introduction d'un contingent d'intérimaires dans la dernière année des Ecoles normales sera dorénavant une nécessité (1), mais elle doit demeurer

---

(1) Même si, comme nous le proposerons, on charge pendant un an tous les normaliens de faire des suppléances.

une exception. Et loin d'avoir pour conséquence une réduction de l'effectif des promotions régulières, elle doit s'accorder avec une organisation qui augmentera cet effectif.

Dès lors, nous n'avons qu'une ressource, c'est celle qu'indiquait M. le Ministre de l'Instruction publique dans l'exposé des motifs du projet de loi sur l'amélioration des traitements. Puisque nous ne pouvons pas faire éclater, sous une population trop dense, les murs des Écoles normales'; puisque nous ne voulons pas multiplier à l'excès le nombre de leurs hôtes passagers, il ne nous reste plus, pour obtenir chaque année une promotion plus forte, qu'à diminuer le nombre des promotions. En réduisant à deux années la durée du séjour des élèves-maîtres à l'École normale, nous trouverons le moyen d'y loger les promotions renforcées qui nous sont désormais nécessaires : deux promotions de 5.000 élèves, plus un millier de stagiaires d'un an, rempliront les places disponibles et fourniront chaque année 6.000 instituteurs et institutrices. Sans doute cette combinaison n'est pas celle qu'eussent souhaité nos directeurs et directrices. Ils craignent qu'elle n'ait pour effet de diminuer l'action bienfaisante exercée sur chaque élève par le milieu de l'école. Nous verrons plus loin si ce danger ne peut être évité, si l'action de l'école ne peut devenir plus intense en même temps que plus brève, si enfin elle ne peut être prolongée au delà de la présence effective de l'élève-maître. Bornons-nous simplement, pour l'instant, à constater que nous n'avons plus d'autre alternative que de choisir cette solution.

Et voyons ce qu'elle implique. Il ne saurait être question de décapiter les Écoles normales, de les priver de leurs élèves les plus mûrs, d'abaisser le niveau de leur examen de sortie. Il faudra donc retarder l'âge d'admission et relever le niveau du concours d'entrée. Mais cette mesure, à son tour, n'aurait-elle pas de fâcheuses conséquences ? N'allons-nous pas aggraver la crise, déjà si inquiétante, du recrutement ? Le meilleur remède à cette crise, celui qui était préconisé par les hommes les plus expérimentés, ne consistait-il pas à avancer l'âge d'admission, à le rapprocher de l'âge de sortie des écoles élémentaires ? Puisez directement à l'école élémentaire, nous disait-on. Évitez l'école primaire supérieure : elle ne peut vous offrir que ses rebuts ; ses élèves ne considèrent l'École normale que comme un pis-aller, les normaliens qu'elle vous fournit sont, en outre, des esprits déflorés à qui l'enseignement de l'école n'a plus rien à apprendre. Ils ne feront que des maîtres médiocres après avoir été de médiocres élèves-maîtres. — Tout en faisant des réserves sur la sévérité de ce jugement, je reconnais qu'il est tout à fait désirable de multiplier les points de contact entre l'école élémentaire et l'école normale. L'école primaire supérieure est souvent une école urbaine, mieux faite pour préparer les instituteurs des villes que les instituteurs ruraux. Il est tout à fait désirable de voir se former, à la campagne, un grand nombre de maîtres qui conserveront le goût de la vie des champs et adapteront à ce milieu leur enseignement. Mais, pour obtenir ces résultats, sommes-nous tenus d'abaisser au niveau du cours supérieur des écoles élémentaires le concours d'admission aux Écoles normales ? N'existe-t-il pas, dans les écoles élémentaires elles-mêmes, des organes susceptibles de ménager la transition ? Ne peut-on pas favoriser le recrutement des Écoles normales à l'école élémentaire en multipliant les bourses dans les cours complémentaires ? Le Parlement, qui a créé ces bourses, nous engage à persévérer dans cette voie. C'est elle qui nous conduira à notre but.

Marquons les points dès maintenant acquis.

1° Afin d'obtenir, en temps voulu, une promotion de normaliens suffisante pour remplir tous les emplois de l'enseignement primaire, il faut ramener à deux ans la durée du séjour à l'École normale.

2° Pour que cette réduction n'affecte pas la valeur des études, il faut retarder d'un an l'âge d'admission.

3° Pour permettre aux candidats d'attendre jusqu'à dix-sept ans leur admission, il faut leur accorder très libéralement des bourses dans les écoles primaires supérieures et dans les cours complémentaires.

Telles sont les propositions qui sont implicitement contenues dans l'article de loi voté par la Chambre. En supposant réalisée la volonté du Parlement et en cherchant à quelles conditions elle peut l'être, voilà ce que — logiquement sinon fatalement — nous trouvons : des Écoles normales à deux années, des cours normaux, avec bourses spéciales, dans les Écoles primaires supérieures et dans les cours complémentaires.

II

Suivons maintenant le futur instituteur depuis le moment où il vient d'obtenir son certificat d'études jusqu'au moment où il entre dans les cadres. Nous verrons mieux, de cette façon, comment joueront les différents rouages qui contribueront demain à former nos maîtres.

Voici un enfant de douze ans qui présente, aux yeux de son instituteur, des aptitudes physiques, intellectuelles et morales permettant d'espérer qu'il pourra devenir un bon maître. La famille est avertie, renseignée sur les avantages et inconvénients de la profession, sur la durée des études préparatoires et les risques qu'elles comportent. Elle se décide : l'enfant entre au cours supérieur de l'école et se prépare à l'examen des *bourses d'études normales*.

Les bourses de cette catégorie ne seront pas décernées par les Préfets mais par le Ministre : elles seront données au concours, sans qu'interviennent d'autres considérations, après un sérieux examen physique des candidats, que le rang mérité par leurs épreuves. Ces bourses seront des bourses entières afin que l'enfant, dès le moment où il commence ses études normales, cesse d'être une charge pour les siens.

Mais, a-t-on déjà objecté, comment exiger qu'un enfant de douze ans ait « la vocation » ? Allez-vous le condamner à subir toute sa vie une destinée qu'auront voulue pour lui ses parents et ses maîtres ? Nous pourrions répondre que la plupart des enfants du peuple, qui gagnent leur vie dès la sortie de l'école, ont, dès douze ans, une « vocation » plus ou moins spontanée, et qu'ils subissent toute leur vie la destinée qu'ont voulue pour eux leurs parents ou les circonstances. Mais il ne saurait être dans nos intentions de contraindre l'enfant à vivre toute sa vie dans la carrière de l'enseignement. Nous espérons seulement que la plupart de ceux qui auront bénéficié des *bourses d'études normales* resteront fidèles à l'engagement pris pour eux, entreront effectivement à l'École Normale et deviendront instituteurs.

D'autre part, le nombre des bourses ainsi distribuées ne sera pas tel qu'il décourage de se présenter à l'École Normale ceux qui n'en pourraient obtenir. Si généreux que soit le Parlement, on ne peut guère espérer qu'il consente à créer les 20 à 25.000 bourses d'études normales qui correspondraient aux quatre ou cinq années d'études préparatoires de chaque promotion de normaliens. Ce serait une dépense annuelle d'une vingtaine de millions. La création des bourses d'études normales facilitera le recrutement ; elle ne fermera pas la porte des Écoles Normales aux jeunes gens qui se prépareraient sans bourse à ces écoles dans les lycées et collèges aussi bien que dans les écoles primaires supérieures ou les écoles primaires élémentaires.

Boursiers ou non, un certain nombre d'enfants, dans

chaque département, se préparent aux Ecoles Normales. Comment cette préparation sera-t-elle organisée ? Pour répondre à cette question, il faut savoir en quoi consistera le concours d'admission. A l'heure actuelle, il porte, comme le Brevet_élémentaire, sur le programme du cours supérieur des écoles élémentaires. Comme on ne se présente pas à l'Ecole Normale avant seize ans, il en résulte que, de douze à seize ans, les candidats, s'ils prennent à la lettre le texte des règlements, piétinent sur place. On n'échappe à ces redites que si l'on suit les cours d'une école primaire supérieure. Mais alors, autres redites ! Comme les programmes des première et seconde années des Ecoles Normales sont identiques à ceux des trois années des écoles primaires supérieures, on piétine sur place pendant les deux premières années d'Ecole Normale. Et n'est-ce pas la raison de cette satiété, de cet « écœurement » qu'éprouvent, au dire de leurs professeurs, tant d'élèves-maîtres ? Nous touchons ici l'un des défauts les plus graves de l'organisation à tant d'égards si parfaite de notre enseignement primaire. De douze à dix-huit ans, deux voies sont ouvertes devant les futurs instituteurs. Mais chacune des deux voies est embourbée sur une partie de son parcours : et les jeunes gens pataugent de douze à seize ans s'ils suivent l'une, de seize à dix-huit s'ils suivent l'autre. Ici et là, l'enseignement demeure stationnaire à moins qu'il ne progresse à rebours : en entrant dans une école normale au sortir d'une école primaire supérieure il arrive qu'on entende expliquer dans l'une le même texte que dans l'autre, qu'on assiste aux mêmes expériences de physique ou de chimie, à la même leçon d'histoire ou de géographie. Il n'y a d'autre moyen de remédier à cette stagnation qu'en établissant de douze à dix-neuf ans, de la sortie de l'école élémentaire à la sortie de l'École Normale, des programmes progressifs marquant pour chaque année l'étape nouvelle à parcourir. Il en résulte que le concours d'admission à l'Ecole Normale doit porter sur le programme correspondant à l'âge de dix-sept ans et non sur un programme correspondant à l'âge de douze ou treize ans. Le concours d'admission à l'Ecole Normale doit porter, sauf quelques retouches ou allègements sur les matières du brevet d'enseignement primaire supérieur (section générale) qui sont celles du brevet supérieur lui-même. On allègerait surtout la partie scientifique des programmes : en algèbre et en géométrie on pourrait se contenter du programme actuel de première année des écoles primaires supérieures ; en chimie on pourrait laisser de côté la chimie organique ; enfin les langues vivantes ne figureraient pas à l'examen d'admission. Celui-ci serait d'un niveau intermédiaire entre l'actuel brevet élémentaire et l'actuel brevet supérieur.

L'examen ainsi compris serait, il est aisé de le voir, facilement préparé dans les écoles primaires supérieures. Les candidats n'auraient qu'à suivre les cours de la section générale. Peut-être cependant conviendrait-il, surtout si leur séjour à l'école primaire supérieure durait plus de trois ans, de les grouper dans une section spéciale qui prendrait le nom de section normale. On constituerait pour eux une quatrième année qui les préparerait directement à l'examen en leur faisant réviser les connaissances acquises durant les trois premières. Révision qui ne serait pas un rabâchage : nous la concevons sous forme d'interrogations, de lectures, d'exercices, écrits et oraux, d'expériences et de manipulations, mais non sous forme de leçons qui ne feraient que répéter les leçons antérieurement entendues : simple halte entre deux périodes d'études très différentes, la quatrième année des sections normales permettrait aux candidats d'assimiler les notions acquises ; au lieu de charger leur esprit d'un fardeau supplémentaire, ils auraient le loisir d'ordonner et de consolider leurs connaissances ; dans ces conditions, ils ne sauraient manquer d'être bien préparés.

Plus malaisée en apparence serait la préparation dans les écoles élémentaires où, même au cours complémentaire, on ne disposera, semble-t-il, ni du personnel ni du temps requis pour parcourir un programme assez étendu et assez élevé. Mais la tâche n'effraie pas les maîtres de ces cours. Leur association demande que l'accès des cours complémentaires soit interdit à quiconque ne possèdera pas un diplôme nouveau, intermédiaire entre le brevet supérieur et le certificat d'aptitude au professorat des écoles normales. Et, en attendant l'institution de ce diplôme, on peut compter que ce personnel d'élite se mettra rapidement au courant de sa tâche nouvelle. On peut, au surplus, pour l'aider à résoudre les difficultés qu'il rencontrera, imaginer diverses combinaisons. Il n'est pas indispensable que l'enfant qui commence ses études normales dans un cours complémentaire les y termine. Si tel cours complémentaire n'est pas assez bien outillé pour mener les candidats jusqu'au concours d'admission, les bourses pourront être au bout d'un an ou deux transférées dans un autre cours ou dans une école primaire supérieure.

Même lorsque le cours complémentaire sera bien outillé, une difficulté surgira : dans une même classe seront réunis, sous un maître unique, des enfants parvenus à des degrés différents d'instruction : comment leur inculquer simultanément les parties successives d'un programme progressif ? De trois candidats à l'école normale, l'un entre au cours complémentaire en 1920, le second en 1921, le troisième en 1922 ; comment servir à la même heure le plat qui convient à chacun s'il est entendu que, renonçant au brouet commun, nous établissons dans nos menus un ordre savant ? Par bonheur cette comparaison cloche : ce qui est essentiel, c'est que les programmes de deux années successives ne se répètent pas ; peu importe, sauf exceptions, l'ordre dans lequel ils sont présentés. Un roulement peut être institué entre les articles du plan d'études. En géographie, par exemple, on étudiera la France pendant une première année, l'Europe pendant la seconde et le monde pendant la troisième : mais pour n'avoir pas commencé par la France comme son camarade entré en 1920, le candidat entré en 1922 sera-t-il désorienté ? De même, est-il absolument nécessaire, surtout lorsque les enfants possèdent déjà une vue d'ensemble de la série des faits historiques, de commencer l'histoire de la France par celle des Gaulois ? Quelle que soit la date à laquelle on fait débuter le récit, ne coupe-t-elle pas arbitrairement la trame des événements? Et le candidat de 1922 sera-t-il déconcerté s'il étudie Vercingétorix après avoir étudié Louis XIV tandis que son camarade de 1920 aura étudié Louis XIV après Vercingétorix? J'accorde qu'en mathématiques où les conséquences sortent logiquement des principes, un roulement qui obligerait à présenter les principes après les conséquences ne serait pas sans inconvénients. Mais sauf en ce cas il ne paraît pas impossible d'organiser les études dans les cours complémentaires de telle façon que, tout en faisant alterner suivant un cycle régulier les diverses parties du programme, on donne à tous les candidats un enseignement méthodique.

Soit au cours complémentaire soit à l'école primaire supérieure, soit tour à tour à l'un et à l'autre, notre candidat a terminé ses études préparatoires. Il se présente à l'École normale. Un dossier où ses aptitudes morales sont soigneusement appréciées l'y précède; s'il a commis, au cours de ses études, des fautes graves, qui disqualifieraient un éducateur, il ne sera pas admis à concourir. Il sera de même exclu du concours si un examen physique plus sévère que l'examen actuel révèle chez lui des maladies ou des prédispositions qui l'empêcheraient d'exercer convenablement les fonctions d'instituteur. Admettons qu'il ait franchi cette double barrière. Il compose. Comme aujourd'hui, trois éventualités peuvent se présenter: il peut être ajourné, il peut être admis au brevet de capacité sans être admis à l'École normale, il peut être admis à la fois au brevet et à l'École. Mais le brevet élémentaire cessera d'être un examen pour devenir un concours, le concours d'admission à l'enseignement primaire. Afin de lui conserver son vrai caractère et de le maintenir à un niveau assez élevé on ne le décernera, dans chaque département, qu'à un nombre de candidats suffisant pour assurer le recrutement (6 p. 100 du nombre des maîtres en exercice dans l'enseignement public et dans l'enseignement privé). Les premiers de la liste entreront, s'ils le désirent, à l'École normale comme élèves réguliers : ceux qui, se destinant comme eux à l'enseignement public, seront reçus en moins bon rang pourront demander à leur Inspecteur d'Académie de leur accorder des suppléances, et, au bout de deux ans, ils pourront être compris parmi les suppléants admis à faire à l'École normale un stage d'une année.

Mais nous supposons que notre candidat est parmi les premiers du concours : il entre à l'École normale.

III

Je souhaiterais qu'à peine entré il subît comme un enchantement. Je souhaiterais qu'il gardât toute sa vie dans sa mémoire la date de son entrée à l'École comme la date d'une révolution libératrice dans son histoire intellectuelle et morale. Tout doit être, pour lui, nouveau dans cette École : régime de vie et méthode de pensée. Et tout doit lui apparaître, dès le début, meilleur que ce qu'il a précédemment vécu et pensé.

L'élève-maître aura de dix-sept à vingt ans. Sa tâche,

en sortant de l'École normale, sera de guider la conduite d'autrui. C'est bien le moins qu'à l'École il se guide
lui-même. L'École normale doit être une petite république où les jeunes gens font leur apprentissage de la
vie sociale. J'admets que certains principes leur soient
imposés : les tables de la loi leur viendront d'un Moïse
qui ne les aura pas consultés : elles auront été rédigées
par le directeur, assisté du conseil des professeurs, d'après
les instructions du Ministre. Mais pourquoi ne laisserait-
on pas aux élèves le soin de fixer les règlements inté-
rieurs auxquels ils devraient obéir ? Pourquoi ne les in-
viterait-on pas à élire ceux d'entre ceux qui, pour
l'application de ces règlements, auraient un office à remplir dans la vie quotidienne de la maison ? Sans doute,
tout devrait être approuvé par l'autorité directoriale.
Mais les élèves ne seraient-ils pas plus heureux de vivre
sous une règle dont, pour l'avoir élaborée, ils compren-
draient le sens et la nécessité ?

Je n'ignore pas que ce régime de self government,
même mitigé, apparaît à beaucoup de directeurs et à la
plupart des directrices comme une pure utopie : réali-
sable en d'autres pays (dans les hautes écoles populaires des pays scandinaves comme dans maint établissement des États-Unis), on le déclare irréalisable en
France. Chez nous, dit-on, toute étude non surveillée
est une étude où l'on n'étudie pas, tout dortoir non sur-
veillé un dortoir où l'on ne dort pas. Peu s'en faut qu'on
ne réclame le retour au régime autoritaire aboli depuis
trente-cinq ans.

Je n'ignore pas non plus que nos bâtiments eux-mêmes

se prêtent mal à l'instauration d'un régime de liberté. Un régime de liberté, pour être en même temps un régime d'ordre, doit réduire au minimum les occasions de contagion démoralisante et multiplier, pour l'être libre, les moments de solitude favorables à la réflexion. Une république normalienne, pour être sage, ne devrait comporter ni salle d'études commune, ni dortoir commun. Mieux vaudrait, sans aucun doute, une série de chambrettes où chaque élève-maître vivrait à la façon d'un étudiant d'Université, travaillerait sans être dérangé et dormirait sans être réveillé par des voisins turbulents. Les architectes des Écoles normales à reconstruire pourront s'inspirer de cet idéal. Si j'avais à dresser le plan d'une École neuve, après avoir réservé l'espace nécessaire pour le jardin ou le champ d'expériences et pour le stade d'éducation physique, je tracerais un demi-cercle — ou un polygone inscrit dans un demi-cercle — au centre duquel je placerais le bureau et l'appartement du directeur. Le long du diamètre q constituerait la façade, je disposerais les services qui vivent en contact permanent avec le monde extérieur : le parloir, l'économat, la salle à manger des élèves (pourquoi leur serait-il interdit de regarder dans la rue aux heures des repas ?), l'école ou les écoles annexes. Sur la demi-circonférence se trouveraient, au rez-de-chaussée, les salles de classe, les laboratoires, le musée pédagogique, et, en bonne place, au centre, une vaste bibliothèque. Aux étages supérieurs seraient les chambres des élèves dont toutes les fenêtres donneraient sur la cour intérieure et par suite sur l'appartement du directeur. Il n'y aurait pas de salle d'études : pour travailler en commun, les élèves descendraient de leurs chambres à la bibliothèque où ils auraient accès à toute heure et où ils se rencontreraient avec leurs maîtres. La bibliothèque serait le cerveau de la maison comme le bureau directorial en serait le cœur.

Mais prenons nos locaux tels qu'ils sont : ne peut-on pas les utiliser de telle manière que nos instituteurs de demain ne soient pas traités comme des pensionnaires de douze ans ? Au lieu de les concentrer dans une salle unique où le nombre des distractions croît en raison du nombre des occupants, pourquoi ne pas les disperser dans des salles multiples où chaque groupe obéirait à l'autorité d'un chef élu et responsable ? De même, à défaut de cellules individuelles, ne conviendrait-il pas de remplacer la chambrée de caserne qu'est, dans les Écoles normales d'instituteurs, le dortoir actuel par des chambres plus restreintes où les élèves se sentiraient « chez eux » ? Pourquoi enfin, lorsqu'un inspecteur visite une École normale, est-il si souvent difficile de trouver la clef de la bibliothèque ? pourquoi tout, dans cette salle, l'air qu'on respire, l'aspect du livre de prêts et jusqu'à l'excessif éclat du parquet ciré, donne-t-il si souvent l'impression que c'est l'endroit le moins fréquenté de la maison ? Pourquoi n'en pas faire, notamment pour les études littéraires, historiques et géographiques, un véritable laboratoire, le foyer des libres recherches et l'habituel lieu de réunion des professeurs et des élèves ?

Reconnaissons que jusqu'à présent, nous ne sommes pas entrés dans le vif du débat. Jusqu'au point où nous

sommes parvenus, les adversaires du *self government*
pourraient nous suivre, car eux-mêmes l'appliquent non-
seulement pendant les récréations (où, par définition, le
jeu doit être libre), mais au réfectoire (où directeurs et
économes se bornent à rappeler les règles de l'hygiène
et du savoir-vivre), et même à l'étude (où souvent les
élèves de troisième année se surveillent eux-mêmes en
surveillant leurs jeunes camarades). La question est de
savoir si l'on peut aller plus loin. Elle est particulièrement délicate lorsqu'il s'agit des écoles normales d'institutrices. Et, si elle était résolue pour ces écoles, on peut
dire qu'elle le serait *a fortiori* pour les autres. Quelles
sont donc les circonstances où es élèves-maîtresses ne
pouvant se gouverner elles-mêmes doivent être sur-
veillées ? C'est, nous répond-on, lorsqu'elles sont au
dortoir et lorsqu'elles sortent de l'école. Au dortoir ?
Mais la plupart des dortoirs, dans les Écoles normales
d'institutrices, sont composés de cellules ! Peu importe : il
faut, parait-il, surveiller le dortoir. Mais que fait la sur-
veillante ? Elle dort. Alors à quoi sert-elle ? Peu im—
porte : il faut surveiller le dortoir. L'argument le plus
solide, pour étayer cette affirmation, consiste à dire
qu'une élève peut être malade, qu'un accident peut sur-
venir, un incendie se déclarer, qu'il faut donc placer à
proximité des élèves (car les surveillantes ne sont plus
dans le dortoir mais dans une chambre voisine), une per-
sonne revêtue de l'autorité nécessaire pour éviter une
panique et donner des ordres utiles. Je doute que les surveillantes d'internat auxquelles on songe souvent depuis quelques années dans les Écoles normales pour as-

surer ce service, aient assez d'autorité sur des jeunes filles à peine moins âgées qu'elles-mêmes, pour donner en cas d'incendie des ordres utiles. Pour cette mission, comme pour d'autres, une élève, désignée par ses compagnes et agréée par la directrice, avertie d'ailleurs par un règlement précis, saurait prendre les mesures nécessaires. Il n'est pas interdit, enfin, de disposer dans les dortoirs des sonnettes d'alarme qui, en cas de maladie, d'accident ou d'incendie, préviendraient immédiatement toutes les autorités qui habitent la maison : professeurs internes, économe et directrice. Et nos maisons ne sont pas si vastes qu'un secours ne puisse arriver en temps utile. A l'intérieur de la maison, la surveillance — au sens étroit du mot — ne paraît donc pas nécessaire.

Et à l'extérieur ? Remarquons, avec certaines directrices, que, même dans la bourgeoisie, l'usage de faire accompagner les jeunes filles dans la rue tend à se perdre. Devons-nous le conserver pour des jeunes filles qui, avant d'entrer à l'école normale, étaient habituées à sortir seules et qui, demain, reprendront cette habitude ? Dans les nombreux rapports qui, depuis quinze ans, agitent la question, trois ou quatre exemples reviennent sans cesse : les visites au dentiste, les offices religieux, le départ en vacances, les promenades. Pourquoi, dans ces diverses circonstances, nos normaliennes ne se prêteraient-elles pas un appui mutuel ? Si l'une d'elles va chez le dentiste, pourquoi ne serait-elle pas accompagnée, avec l'agrément de la directrice, par une ou deux de ses camarades ? De même, est-il indispensable de surveiller des jeunes filles qui se rendent, en groupes, à l'église ou au temple? Est-il indispensable d'accompagner à la gare des jeunes filles qui partent ensemble et qu'au surplus on n'accompagnera pas dans le train?

Restent les promenades. Mais, au risque de heurter de très respectables préjugés pédagogiques, je soutiens qu'à l'École normale la promenade n'a pas de raison d'être, et qu'elle est une transposition à contre-sens, dans le régime de ces écoles, d'une habitude qui se justifie dans d'autres internats. Qu'on oblige des enfants de douze ans à sortir périodiquement, pour exécuter une marche de deux heures, de la maison où ils sont internés, l'hygiéniste ne pourra qu'applaudir : les enfants de cet âge ne comprennent pas la nécessité de cet exercice ; ils ne s'y livreraient pas s'ils n'y étaient contraints et leur santé s'en ressentirait. Mais nos normaliennes ne sont plus des enfants. Et elles ont d'autres occasions de sortir. Abstraction faite de leurs courses en ville, qui doivent demeurer exceptionnelles, elles doivent sortir, sous la direction de leurs professeurs de géographie ou d'histoire naturelle, pour faire des excursions scientifiques. Elles doivent sortir pour promener les enfants de leur patronage (car — nous le verrons plus loin — elles doivent s'occuper d'un patronage). Elles doivent sortir pour se rendre à l'école d'application, pour visiter des écoles ordinaires. Elles sortiront aussi par mesure d'hygiène : d'accord avec leur professeur d'éducation physique, elles organiseront des expéditions plus ou moins lointaines. Elles sortiront même pour se promener, si le cœur leur en dit, par groupes qu'elles constitueront librement, sous le contrôle de la directrice.

Déjà ce régime est adopté dans certaines Écoles normales d'instituteurs. Et il ne semble pas qu'on s'en plaigne. J'accorde que l'éducation des jeunes filles réclame plus de vigilance que celle des jeunes gens. Les limites que la direction imposera à leur liberté seront donc plus étroites. Mais la liberté n'en sera pas moins le principe de leur régime.

Je trancherais donc d'une manière radicale ce grave problème de la surveillance qui émeut depuis tant d'années professeurs et directrices. Le mot « surveillance », à mon avis, devrait être banni des Écoles normales. Certes, nous avons le devoir de veiller sur nos élèves-maîtres. Mais nous n'avons pas à les surveiller. Est-ce à dire qu'ils seraient livrés à eux-mêmes ? Ils subiraient, au contraire, à chaque heure du jour, l'influence de leurs aînés ; celle des professeurs externes non seulement pendant les classes mais pendant les exercices et les excursions scientifiques ou pédagogiques qu'ils dirigeraient et pendant les visites qu'ils feraient à la bibliothèque et aux salles d'études ; celle des professeurs internes (car nous conserverions l'internat avec ses avantages pour ceux des professeurs qui consentiraient à donner à leurs élèves un peu plus d'eux mêmes que le minimum obligatoire) ; celle de l'ancien élève qui, dans les grandes écoles tout au moins, jouerait le rôle de secrétaire de la direction (je ne dis pas : de surveillant d'internat); celle des économes ; celle enfin des directeurs et directrices dont l'action devrait être d'autant plus intense que es élèves jouiraient de plus de liberté.

Ce régime libéral serait si peu un régime anarchique que l'autorité du directeur y serait plus forte et les sanctions plus rigoureuses que sous le régime actuel. Ce n'est pas pour affaiblir l'autorité du directeur que, dans le plan tracé ci-dessus, nous le plaçons au centre de la maison, de telle façon que rien, ni le jour ni la nuit, n'échappe à son regard. D'autre part, ayant plus de liberté, les élèves encourront plus de responsabilités : ils doivent apprendre à subir les conséquences de leurs actes. Dans une Ecole normale, on ne saurait souffrir de trublions. L'élève qui, après une expérience de deux ou trois mois, se révèlerait incapable de respecter le travail de ses camarades à l'étude ou leur sommeil au dortoir, serait expulsé sans plus tarder. De même et *a fortiori*, celui qui montrerait des vices rendant sa présence dangereuse pour ses compagnons d'internat. Notez que l'expulsion sera demain une peine plus grave qu'aujourd'hui : si tous les instituteurs doivent désormais passer par l'Ecole normale, l'exclusion de l'Ecole normale équivaudra à l'exclusion de l'enseignement public. Il y a de quoi faire réfléchir ceux qui ne consentiraient pas à se plier au minimum de réglementation sans lequel il n'y aurait ni ordre ni travail dans la petite république normalienne.

IV

Dans la maison ainsi transfigurée, que va faire notre normalien ? Compléter son éducation générale et commencer son éducation professionnelle. Nous ne séparons pas l'une de l'autre : la profession même de l'instituteur exige qu'il soit cultivé. Aussi nous paraîtrait il fâcheux de transformer les Ecoles Normales en « Instituts pédagogiques », c'est à-dire en établissements, où, sous prétexte de se consacrer entièrement à l'éducation professionnelle des instituteurs, on s'occuperait de pédagogie à l'exclusion de toute autre étude. De tels « Instituts » pourraient trouver place dans une Université. Ils auraient pour but de faire progresser, par des recherches de laboratoire ou de bibliothèque, la science pédagogique et toutes les sciences connexes (psychologie et physiologie de l'enfant et de l'adolescent, étude de l'enfant et de l'adolescent en société, etc.) ; ce seraient des établissements de science pure, d'où sans doute sortiraient des vérités précieuses pour la pratique pédagogique, mais qui ne prendraient pas pour but essentiel cette pratique. Ils auraient pour élèves des maîtres déjà expérimentés, désireux de faire avancer la science ; c'est au contraire à des élèves-maîtres, apprentis dans l'art d'enseigner, que nous avons affaire dans les Ecoles normales. Et nous devons tout à la fois les initier à leur métier et perfectionner leur culture.

Nous supposons que notre élève a reçu, au cours complémentaire ou à l'école primaire supérieure, une solide instruction sanctionnée par son succès au concours de l'Ecole normale. Il possède, sur les principales matières, des lumières suffisantes. Il s'agit moins, pour lui, d'acquérir des connaissances nouvelles que d'approfondir celles qu'il a déjà acquises. Et sans doute on n'approfondit pas sans acquérir : on fait autant de découvertes en creusant la terre qu'en explorant sa surface. Mais, à l'Ecole normale, il ne s'agit plus d'explorer la surface, il faut creuser le sol. L'élève-maître possède tout un bagage de notions et de faits élémentaires. Il faut maintenant qu'il réfléchisse sur les causes, les lois et les principes de ces faits et de ces notions. Et il faut, inversement, qu'il en déduise les conséquences, notamment celles qui s'appliqueront à sa profession d'instituteur.

C'est ce double mouvement (remonter aux principes, descendre aux applications pédagogiques) qui doit caractériser l'enseignement des Ecoles normales.

Si les professeurs de ces Ecoles se pénètrent de nos vues, ils comprendront que leur rôle est tout différent de celui des professeurs d'écoles primaires supérieures ou des professeurs de l'enseignement secondaire. Comme au point de vue de la discipline, tout doit être nouveau, au point de vue intellectuel, pour l'élève qui entre à l'Ecole normale. Plus de programmes encyclopédiques ; plus de cours formant en chaque matière un tout complet et continu. Mais un choix de sujets pris parmi ceux qui doivent particulièrement solliciter la réflexion et

parmi ceux qu'un futur instituteur doit avoir tout spéciale-
ment étudiés. Les programmes seront établis chaque
année en conseil des professeurs, dans la limite des
règlements généraux dont le recteur sera le gardien.
Et la liberté, souveraine dans la vie intérieure de
l'école, règnera aussi dans la vie intellectuelle.

Donnons quelques exemples. A son arrivée à l'Ecole
normale, l'élève-maître a déjà entendu plusieurs fois un
cours complet de morale pratique : soit au cours complémentaire, soit à l'école primaire supérieure, les divers
devoirs de la vie individuelle, de la vie familiale, de la
vie sociale lui ont été exposés pendant plusieurs années.
Va-t-on reprendre la liste de ces devoirs et de nouveau
traiter successivement de la conscience, de la famille,
de la nation, de l'Etat, de l'Humanité ? Oui, si l'on veut
blaser l'élève sur toutes ces notions. Mais on a mieux à
faire (d'autant que le jeune normalien aura l'occasion
de rafraîchir ses souvenirs sur ces divers points en donnant, à l'école annexe, l'enseignement moral). On peut
— et on doit — l'inviter à réfléchir sur les principes
même de l'obligation morale, sur les principes de nos
institutions politiques, sur la valeur de la doctrine
égalitaire, sur les conditions de la vie sociale, sur le
fondement de nos droits et sur leurs limites. Et l'on
peut — on doit — d'autre part, déduire de ces principes des applications dont il n'a entendu parler ni au
cours complémentaire ni à l'école primaire supérieure,
celles qui ont trait à sa future profession, celles qui ont
trait aux droits et aux devoirs de l'instituteur. En sortant de l'Ecole normale, l'élève-maître ne doit pas

ignorer les termes exacts du contrat qui le lie à l'Etat et qui, comme tout contrat, restreint sa liberté. Bref, la morale pratique supposée connue, on choisira, pour les leçons de morale données à l'Ecole normale, les grands problèmes de la morale générale et les questions délicates de la morale professionnelle.

Même attitude, pour le professeur d'Ecole normale, en ce qui concerne la langue et la littérature nationales. Il doit être entendu que l'élève maître sait et pratique les règles élémentaires de la grammaire : on ne doit donc pas en faire l'objet de nouvelles leçons ; on lui rafraîchira la mémoire à l'occasion des fautes qu'il pourra commettre dans ses travaux écrits ou dans des explications de textes ou encore à l'occasion des leçons de grammaire qu'il donnera à l'école d'application. Si l'on donne à l'Ecole normale un enseignement grammatical, ce doit être un enseignement historique qui explique aux élèves, par des rapprochements avec des textes anciens, les formes et les lois de la langue actuelle.

Il doit être entendu que l'élève-maître a lu et expliqué, au cours complémentaire et à l'Ecole primaire supérieure, quelques-uns des textes les plus importants de de nos trois grands siècles littéraires. Mais les programmes auront été établis de telle façon que ces textes auront été choisis parmi les plus simples. A l'Ecole normale, on abordera des textes plus difficiles. Et l'on étudiera quelques-uns des grands problèmes littéraires (anciens et modernes, classiques et romantiques, etc.) qui se sont posés depuis le XVIe siècle.

En histoire, on éclairera les élèves de 1re année sur

les civilisations anciennes et l'on choisira, parmi les périodes plus récentes, les questions centrales. On s'attachera moins à l'enchaînement chronologique des faits qu'à l'étude concrète des civilisations.

En géographie, on se gardera bien de reprendre l'énumération de toutes les régions de la terre et d'en faire successivement la description. On étudiera la géographie générale, qui suppose connue cette description et permet au besoin d'en raviver le souvenir, mais qui a pour objectif principal de faire saisir les rapports des faits géographiques, et de suggérer des hypothèses ou de fournir des explications sur leurs causes. On aura soin de ne pas s'en tenir à des abstractions, mais, en choisissant une ou plusieurs régions — notamment la région où l'on enseigne — on montrera comment s'appliquent effectivement les lois de la géographie générale.

En mathématiques, en physique et en chimie, l'Ecole normale aura à achever le programme ébauché dans les cours complémentaires et les écoles primaires supérieures. Mais elle aura aussi à faire réfléchir sur les acquisitions antérieures. Elle donnera une vue d'ensemble sur le monde par quelques notions de cosmographie. Et elle tirera des mathématiques des applications utiles à l'instituteur (comptabilité et arpentage). Elle dira quelles sont les principales théories générales sur la matière, et elle tirera de la physique et de la chimie des applications à l'agriculture et à l'industrie régionales,

Il ne saurait être question de reprendre, à l'Ecole normale, l'étude des diverses espèces animales ou végétales ; on supposera connue la classification des êtres vivants

Mais on renseignera les élèves-maîtres sur l'histoire de la terre et sur l'évolution des êtres organisés. Et l'on tirera des sciences naturelles les applications à l'hygiène — notamment à l'hygiène scolaire — et à l'agriculture.

Il va de soi que, surtout dans l'enseignement scientifique, on tiendra largement compte du milieu. Je n'ai rien à retirer de ce que j'écrivais l'an dernier, dans cette *Revue*, sur la spécialisation de l'enseignement primaire (1). Il va de soi que, dès l'application du nouveau régime, les professeurs de sciences de l'Ecole normale de Carcassonne (pays viticole) ne sauraient choisir les mêmes sujets de leçons que ceux de l'Ecole normale de Chartres (pays agricole) ou de Nancy (pays industriel). C'est adapter l'enseignement à la profession de l'instituteur que l'adapter aux besoins régionaux dont l'instituteur doit lui-même se préoccuper.

Dans le plan d'études qui vient d'être tracé, on remarquera une omission : nous n'avons pas parlé des langues étrangères. C'est qu'une majorité s'est formée, dans le personnel des écoles normales et de l'inspection, pour souhaiter que cet enseignement devienne facultatif. On ne va pas, en général, jusqu'à en demander la suppression : si des jeunes gens ont, avant d'entrer à l'Ecole normale, commencé l'étude d'une langue étrangère, pourquoi ne leur fournirait-on pas les moyens de s'y perfectionner ? Mais, en revanche, on exprime le vœu que nul ne soit contraint de commencer ou de continuer cette étude. Il est trop vrai de dire que les ré-

(1) Voir le chapitre précédent.

sultats obtenus sont en général insignifiants soit au point de vue éducatif, soit au point de vue utilitaire. La liberté permettra aux professeurs de hâter les progrès de leurs élèves bénévoles : comme ils n'auront plus affaire à des débutants, ils pourront aborder l'étude des textes littéraires. Pour ceux à qui il sera réservé, l'enseignement des langues étrangères deviendra plus intéressant et plus profitable. Les autres pourront, s'ils le désirent, se livrer à l'étude du latin. Ils pourront aussi consacrer aux matières obligatoires du programme le temps que leurs camarades plus curieux passeront à l'étude des langues.

En revanche, une nouvelle étude deviendrait obligatoire, celle des éléments de la logique des sciences et de la philosophie générale. Déjà le programme de mathématiques contient une phrase sur la méthode de ces sciences : pourquoi la même phrase n'est-elle pas reproduite dans les programmes des autres matières ? Pour un futur instituteur, qui fera l'éducation des jeunes citoyens, leur apprendra à se former une opinion, à lire les journaux, à écouter les orateurs, n'est-il pas plus important de connaître les règles de la critique des témoignages que de connaître les procédés de l'analyse mathématique ? N'est-il pas de la plus haute importance, pour un futur représentant de l'Etat laïque, de savoir comment se pose, devant la conscience et la science modernes, les problèmes dont les religions prétendaient détenir seules les solutions ? de savoir, en définitive, pourquoi l'Etat est devenu laïque ? par suite de quelle évolution dans les croyances humaines la société civile

s'est séparée de la société religieuse? Sans vouloir in-
fliger à des jeunes gens de dix-huit ans un cours complet d'histoire des religions ni même un cours complet
de métaphysique, du moins est-il indispensable de leur
faire soupçonner les principales solutions rationnelles
des problèmes philosophiques.

En vérité, c'est ce mot « philosophie » qui résume
tout ce que nous venons d'écrire. La culture générale
de nos normaliens se distinguera de celle des élèves
d'écoles primaires supérieures par ce trait. C'est le caractère philosophique des problèmes littéraires ou
scientifiques qui donnera aux études faites à l'Ecole normale une saveur nouvelle, qui leur enlèvera le goût du
déjà vu, qui les rendra plus agréables et plus fécondes
pour les jeunes esprits. Et c'est aussi par ce trait
qu'elles s'adapteront mieux à la profession de nos
jeunes maîtres, car un instituteur n'est pas seulement
l'homme « en proie aux enfants » ; il doit être le sage, le
philosophe de sa commune.

V

L'éducation professionnelle et l'éducation générale
sont si intimement liées, dans une Ecole normale bien
conçue, qu'on passe sans transition de l'une à l'autre.
Est-ce à la culture générale? est-ce à l'initiation professionnelle qu'appartient un cours de psychologie appliquée à l'éducation? Qu'on le place où l'on voudra, il
n'en est pas moins nécessaire. Et, sur ce point, je n'ai
qu'un vœu à formuler : c'est que ce cours devienne de

moins en moins livresque, de plus en plus nourri d'observations et d'expériences faites par les professeurs et les élèves-maîtres, de plus en plus débarrassé des formules convenues, des classifications artificielles, de plus en plus voisin de la |réalité vivante, de la riche mentalité vivante de l'écolier.

Ce n'est pas à dire qu'il faille bannir tous les livres de psychologie : il en est qui contiennent, en doses massives, de cette substantielle matière psychologique. Ne bannissons pas davantage les ouvrages de pédagogie proprement dite. Mais laissons aux professeurs une grande liberté de choix : que nos élèves-maîtres ne soient pas exclusivement et éternellement condamnés à lire des auteurs dont les préoccupations pédagogiques étaient très différentes des nôtres. Apportons plus de variété et de vie dans le choix de ces textes ; n'ennuyons pas les élèves-maîtres sous prétexte d'en faire des pédagogues !

Et n'insistons pas trop sur la pédagogie théorique. Hâtons-nous de mettre les normaliens en présence des écoliers. Bannissons, entre autres exercices artificiels, les leçons destinées à des élèves absents. Quelle que soit l'ingéniosité des maîtres, elles ne peuvent pas donner tout ce que donnerait une vraie leçon, faite à de vrais élèves : devant des êtres imaginaires, un homme — à moins qu'il ne soit halluciné — n'est pas le même, ne pense pas, n'agit pas de la même façon que devant des êtres réels : la scène, trop souvent jouée dans les Écoles normales, où un élève-maître ayant à expliquer devant ses camarades une fable de La Fontaine expose « ce qu'il dirait » s'il avait en face de lui des élèves du cours élémentaire et ce qu'il réserverait à des élèves du cours moyen, rappelle trop Sosie s'adressant à sa lanterne. Les vrais élèves une fois présents, le jeune maître ne se bornerait pas à chercher à quel cours ils appartiennent pour leur débiter soit la leçon n° 1 soit la leçon n° 2 ; suivant les suggestions qui lui viendraient de la vue des enfants, de leurs regards distraits ou attentifs, de leurs questions et de leurs réponses, il leur adapterait la leçon qu'il aurait préparée, ajouterait ici, retrancherait là, transposerait presque toujours et parfois ne garderait rien de son plan primitif. La première règle de la pédagogie, c'est qu'il faut enseigner avec toute son âme : elle exige une spontanéité qui exclut tout artifice.

Certes, tous les exercices exécutés à l'intérieur de l'École normale ne sont pas artificiels. Rien de plus naturel ni de plus utile que l'examen critique d'un procédé ou d'un livre en usage dans les écoles, de sujets de devoirs ou d'interrogations donnés dans un examen, ou que la préparation d'un matériel destiné à l'enseignement scientifique élémentaire. Si chaque École normale possédait, ainsi que nous le souhaitons, son Musée pédagogique, les élèves-maîtres y trouveraient des collections de toute nature (mobilier scolaire, matériel d'enseignement, devoirs d'élèves, etc.) dont leurs professeurs étudieraient avec eux les échantillons pour leur en faire apercevoir les qualités et les défauts. En quelques séances ils mettraient à profit l'expérience pédagogique de nombreuses générations. Néanmoins, tout musée abstrait les objets qu'il expose du milieu vivant auquel ils sont destinés. Les visites au musée pédagogique ne sauraient donc dispenser les normaliens de faire un stage dans les écoles.

Dès la première année, ils fréquenteront soit l'école d'application, soit telles autres écoles qui leur seront ouvertes par l'autorité académique. En général, l'Ecole normale possédera une école d'application (annexe ou non). Pourtant, dans telles localités où sont installées des Ecoles normales, il est difficile de constituer une école d'application qui soit une école modèle et un champ d'expériences pédagogiques utilisable. En pareil cas, nous laisserons aux autorités académiques le soin de décider s'il ne convient pas de remplacer les stages à l'école d'application par des stages effectués dans diverses écoles, soigneusement choisies, du département. Si le stage se fait à l'école d'application, il aura lieu dans des conditions sensiblement semblables à celles du régime actuel. On prendra seulement des mesures pour qu'à aucun moment les stagiaires ne soient dispensés de suivre les cours de l'Ecole normale : les stages auront lieu le matin et les cours l'après-midi, ou inversement ; ou bien encore stages et cours auront lieu alternativement le matin et l'après-midi. S'il n'existe pas d'école d'application, les élèves-maîtres seront dispersés, simultanément dans diverses écoles ; on choisira, par exemple, le dernier mois de chacun des deux premiers trimestres de l'année scolaire. Pendant ces périodes les cours seront suspendus et les professeurs, comme le directeur, recevront la mission d'inspecter leurs élèves durant leur stage. Il ne serait pas sans avantages de combiner les deux systèmes : la première année ferait son stage à l'école d'application, sons le regard permanent du directeur, tandis que, pour la seconde année, l'éducation professionnelle se ferait dans des écoles ordinaires, outillées et peuplées comme celles où débuteront les jeunes maîtres.

L'idée avait été émise d'organiser le stage des élèves-maîtres dans une circonscription d'inspection qui eût été confiée au directeur de l'École normale. Il eût ainsi conservé le contact avec l'école élémentaire et son enseignement pédagogique eût profité de son expérience d'inspecteur. Mais cette idée, qui n'était pas sans sourire à maint directeur et notamment à ceux qui ont dû se charger pendant la guerre d'une circonscription d'inspection, a rencontré, en revanche, des résistances justifiées. Le directeur de l'École normale a pris, dans notre vie administrative, un rôle que les règlements ne lui assignent pas nécessairement mais qui n'est pas sans grandeur : au conseil départemental, il est, dans les affaires disciplinaires, le rapporteur-né ; c'est dire qu'on le considère comme un arbitre impartial entre l'accusation et la défense, entre l'inspecteur et l'instituteur. Pourrait-il conserver ce rôle s'il devenait lui-même inspecteur et se voyait, par suite, obligé parfois d'accuser ? D'autre part, aurait-il le loisir de diriger à la fois une École normale et une circonscription d'inspection, si réduite fût-elle ? Aurait-il surtout le loisir de se livrer à toutes les démarches, écrites ou verbales, qu'exige l'administration d'une circonscription ? Sa correspondance administrative ne risquerait-elle pas d'ab-

sorber son temps au détriment de sa mission pédagogique? Pour ces divers motifs, il paraît sage de renoncer
à confier aux directeurs et directrices d'Écoles normales
une circonscription d'inspection. Mais ils conserveront
les avantages qu'on pouvait attendre de cette mesure, ils
se tiendront en contact avec les écoles élémentaires s'ils
visitent régulièrement dans ces écoles ceux de leurs
élèves qui y accompliront leur stage professionnel.

Inversement, l'École normale recevra fréquemment la
visite des inspecteurs. Dès maintenant, elle reçoit celle
des Inspecteurs d'Académie. J'en sais qui assistent régulièrement aux exercices des élèves de troisième année.
L'un d'eux courait à l'École normale dès qu'il avait
surpris dans une tournée ou dès qu'il découvrait dans
son courrier un détail pouvant devenir pour les élèves-
maîtres une bonne leçon de pédagogie ou d'administration. Les visites des Inspecteurs primaires sont plus
rares. Eux aussi pourraient cependant signaler aux
élèves-maîtres les bonnes et les mauvaises méthodes en
usage dans le département, les difficultés et aussi les ressources qu'ils trouveront sur leur route ; ils pourraient,
en un mot, leur faire pressentir, d'une manière concrète,
ce que sera, dans le milieu où elle se déroulera, leur vie
d'instituteurs.

La vie de l'instituteur ne se passe pas tout entière
dans sa classe : aussi, dès l'École normale, doit-il se préparer aux autres missions qui lui incombent dans notre
société. Déjà, certains directeurs, certaines directrices
ont pris à cet égard d'importantes initiatives. Les uns
ont institué des cours de droit pour les futurs secrétaires

de mairie. Les autres ont introduit à l'École normale une école ménagère qui indique aux futures institutrices, à charge pour elles de les propager, les meilleures méthodes applicables aux travaux féminins de la vie rurale. D'autres ont lié partie avec une école professionnelle voisine, une école d'agriculture par exemple, afin d'initier les normaliens à la pratique raisonnée du métier qui sera celui de la plupart de leurs élèves. D'autres ont créé des crèches, des consultations de nourrissons, sachant que l'institutrice peut avoir la plus grande influence sur la santé des enfants des villes et des campagnes. D'autres demandent à des avocats, à des médecins, à des fonctionnaires des diverses administrations de venir exposer aux élèves-maîtres le mécanisme de la société moderne. On s'efforce d'ouvrir l'École au monde extérieur afin que ses élèves, mieux adaptés à ce monde, puissent y faire œuvre plus utile. Toutes ces initiatives doivent être encouragées. Je suis surpris de ne pas voir plus souvent les directeurs et directrices engager leurs élèves à prendre part aux œuvres péri scolaires de leur résidence. N'est-ce pas là cependant que leur activité, aux heures de loisir, devrait surtout s'employer ? Non seulement on devrait organiser à l'École normale, pour les adolescents du quartier, des conférences, des causeries, des séances de lectures, des concerts dont le programme serait l'œuvre des élèves-maîtres, mais on devrait les engager à organiser, dans leur quartier — ou même dans un autre — un patronage ou un cercle scolaire. Nous ne possédons qu'un nombre infime de ces institutions. C'est que nos instituteurs, pendant leurs

journées de loisir, tiennent à vivre de la vie de famille.
Mais les élèves-maîtres et les élèves-maîtresses n'ont pas
encore de ménage. Pourquoi, au lieu de déambuler, le
jeudi et le dimanche, le long des routes monotones,
ne passeraient-ils pas l'après-midi dans un patronage
où ils dirigeraient les jeux, exercices et promenades des
élèves et anciens élèves de nos écoles ? Nous avons 166
Écoles normales : il faut que, dès l'an prochain, nous
ayons 166 patronnages laïques où normaliens et normaliennes, tout en rendant le plus signalé service à la cause
de l'école publique, se prépareront à leur mission d'éducateurs de l'adolescence.

VI

Quelle serait la sanction des études faites à l'École
normale ? Au terme de la seconde année, l'élève-maître
subirait les épreuves du brevet supérieur. Puisque tous
les instituteurs publics devraient passer par l'École normale, le certificat de fin d'études normales n'aurait plus
de raison d'être : il serait supprimé.

L'examen d'admission étant de valeur intermédiaire
entre les deux brevets actuels, le brevet supérieur por-
tera sur certaines matières de l'actuel brevet supérieur
et sur celles du certificat de fin d'études normales. Le
programme en sera fixé chaque année dans chaque département suivant les directions générales que donnera
le Conseil supérieur de l'Instruction publique. Une cor-

respondance étroite sera établie en tout cas, entre ce programme et celui qui aura été suivi à l'Ecole normale.

Une fois breveté, notre normalien a-t-il terminé son éducation professionnelle ? Il a passé quatre mois, deux par an, dans une école d'application ou dans une école ordinaire. Est-ce suffisant pour mériter une nomination définitive ? Il conviendrait de la lui faire attendre au moins un an. Un an pendant lequel il ne romprait pas toute attache avec l'Ecole normale. L'inspecteur d'académie lui confierait des suppléances, et, dans l'intervalle, il reviendrait à l'Ecole. Il y serait logé si une place était disponible. En tout cas il y prendrait ses repas avec ses camarades de la veille. Il y rédigerait ses rapports sur les suppléances qu'il aurait effectuées. Il y suivrait des leçons, au gré de ses aptitudes et de ses goûts. Il ferait à la bibliothèque d'abondantes lectures ou travaillerait au laboratoire sous la direction du professeur de sciences. Il s'entretiendrait avec ses maîtres et avec son directeur, leur raconterait ses premières expérience d'instituteur et solliciterait leurs conseils. Et qui sait si, les années suivantes, il ne continuerait pas à prendre le chemin de l'Ecole normale qui demeurerait ainsi le vivant foyer intellectuel du corps enseignant ?

C'est seulement au bout de cette troisième année que notre normalien subirait l'épreuve du certificat d'aptitude pédagogique. Je dis : l'épreuve et non : les épreuves. C'est que, le brevet supérieur devant comprendre une composition et une interrogation de pédagogie, les épreuves écrites et orales du certificat d'aptitude pédagogique deviendront inutiles. Ce certificat sera décerné

arpès visite par la commission compétente d'une classe
faite par l'intéressé.

Le voici maintenant titulaire. Et notre tâche est ter-
minée (1).

* *

Caractérisons brièvement le projet qui vient d'être es-
quissé. S'il est réalisé, l'Ecole normale cessera d'être
l'établissement hybride dont l'aspect étonne même ses
habitants : fabrique de brevets, pendant deux années,
école professionnelle d'instituteurs pendant la troisième.
Elle ne fera plus double emploi avec l'école primaire
supérieure. Elle sera, essentiellement et exclusivement,
une « école normale » où tout converge (règlement intérieur, programmes et méthodes) vers la formation des
éducateurs du peuple.

Son régime intérieur est un régime de liberté parce
que les éducateurs d'un peuple libre doivent faire l'apprentissage de la liberté, d'une liberté qui n'exclut pas
l'obéissance à la loi et dont la loi sanctionne sans faiblesse les écarts. L'enseignement qu'on y donne n'a pas
la prétention de tout embrasser, mais il a l'ambition
d'aider les élèves à tirer de leur raison tout son rendement : il est permis à l'éducateur du peuple de ne pas

---

(1) Les intérimaires admis pour un an à l'Ecole normale devraient, comme les élèves réguliers, se présenter au brevet supérieur avant de quitter l'Ecole. Comme ils auraient fait antérieurement deux ans de stage ils pourraient subir le certificat
d'aptitude pédagogique dès leur sortie de l'école et être immédiatement titularisés.

tout savoir, il ne lui est pas permis de mal conduire sa pensée. Enfin, l'Ecole normale doit initier le futur maître à la pratique de son art ; elle doit le préparer à l'accomplissement de son devoir d'instituteur des enfants, de conseiller et d'éducateur de tous ses concitoyens.

L'Ecole normale ainsi conçue sera-t-elle très différente de l'Ecole normale actuelle ? Du moins ne sera-t-elle pas très différente de celle qu'avaient imaginée, soit aux environs de 1880 soit en 1905, les réformateurs de l'enseignement primaire. Entre les idées qui inspiraient la circulaire du 7 février 1884 sur le régime intérieur des Ecoles normales et celles qui viennent d'être exposées on trouverat malaisément un désaccord. Et, bien qu'il abandonne maint détail important de la réforme de 1905, notre projet demeure fidèle à son esprit. Que voulait-on faire en 1905 ? Achever, en deux ans, l'instruction de l'élève-maître et lui réserver une troisième année de libre travail où il pût à la fois perfectionner sa culture et apprendre son métier. Que voulons-nous faire aujourd'hui ? Achever, avant l'entrée à l'école normale, l'instruction du futur instituteur (si l'on entend par instruction la multiplication du nombre des connaissances) et lui réserver, à l'Ecole Normale, deux années de libre travail où il puisse à la fois apprendre son métier et perfectionner sa culture (améliorer la qualité de ses connaissances). Mais peut-être avait-on, en 1905, trop présumé de l'énergie des élèves-maîtres : faute d'un sévère examen final, la troisième année est trop souvent devenue une année de libre oisiveté. Au point de vue intellectuel comme au point de vue moral, l'usage de la liberté doit être sanctionnée pour prévenir les abus qu'en pourraient faire nos normaliens, nous rendons à l'examen de sortie la publicité qui stimule les concurrents. Mais, par des moyens différents, suggérés par l'expérience de ces quinze années, c'est le but des réformateurs de 1905 que nous voulons atteindre : former des instituteurs qui connaissent les principes et les limites de leur savoir, qui aient la passion de la vérité et de la libre réflexion, qui aient pris dans la vie commune de l'école le sens social, l'habitude de subordonner leur individualité à la loi générale, et qui sachent transmettre aux futurs citoyens toutes ces qualités si nécessaires à la vie nationale.